MÉTHODE DE FRANÇAIS

LE NOUVEAU SANS FRONTIÈRES 1

NOUVELLE ÉDITION

Philippe DOMINIQUE
Jacky GIRARDET
Michèle VERDELHAN
Michel VERDELHAN

Illustrations
Benoît DU PELOUX
Pascal SOMON

CLE
INTERNATIONAL

LE NOUVEAU SANS FRONTIÈRES est une méthode complète de français pour adolescents et adultes débutants.

Elle assure l'apprentissage de la langue, avec ses nombreux exercices écrits, oraux, d'écoute et de systématisation ; l'apprentissage de la communication, avec ses nombreuses activités de prise de parole ; l'apprentissage de la civilisation, avec ses nombreux documents, illustrations et photos.
Ce premier niveau permet de couvrir entre 100 h et 150 h d'enseignement.

Nous avons pris un soin particulier à rendre le matériel attrayant et motivant, aussi bien par le choix des textes, des enregistrements et des illustrations que par les activités proposées.

L'apprentissage d'une langue et la découverte d'une autre culture ne pourront se faire que dans le plaisir. Nous souhaitons qu'enseignants et élèves partagent ce plaisir. L'équipe qui a créé et mis en forme ce nouveau matériel a travaillé dans cet espoir.

Cette nouvelle édition, entièrement en couleurs, est fidèle à l'ensemble des contenus – dialogues, textes et activités – de la précédente version du **NOUVEAU SANS FRONTIÈRES**.

Description du matériel

1 livre de l'élève (224 pages)
1 cahier d'exercices (128 pages)
1 livre du professeur (160 pages)
4 cassettes collectives (4 heures d'enregistrement)
2 cassettes individuelles

Livre de l'élève

4 unités (basées sur 4 histoires suivies)
Dans chaque unité : 5 leçons - 1 bilan de l'unité.

A la fin de l'ouvrage :
Bilan grammatical
Tableaux de conjugaison
Lexique
Tableau des contenus

Bilans. *Tests, documents et exercices de révision sur les acquisitions des 5 leçons de chaque unité.*

Bilan grammatical. *Récapitulatif de toutes les acquisitions grammaticales. Il pourra être consulté pour toute vérification ou révision.*

Tableaux de conjugaison. *Toutes les conjugaisons modèles, à tous les temps appris, et les principaux verbes irréguliers.*

Lexique. *Tous les noms, les adjectifs, les verbes, les prépositions et les adverbes contenus dans le livre, avec renvoi à l'unité, la leçon et la rubrique.*

Stucture d'une leçon

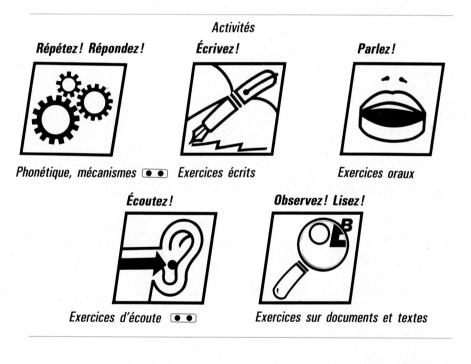

Regardez!
Écoutez!
Dialogue et documents

Apprenez!
Vocabulaire et Grammaire

Activités

Répétez! Répondez!
Phonétique, mécanismes

Écrivez!
Exercices écrits

Parlez!
Exercices oraux

Écoutez!
Exercices d'écoute

Observez! Lisez!
Exercices sur documents et textes

Chaque leçon est divisée en trois parties  qui permettront de travailler par séquences.

UNITÉ 1
Un printemps à Paris

Grammaire

Articles définis et indéfinis - Genre et nombre des noms et des adjectifs - Interrogation et négation - Conjugaison du présent.

Communication

Faire connaissance - Inviter et répondre à une invitation - Décrire les personnes.

Civilisation

Paris, monuments et lieux publics - La vie de quatre parisiens de professions différentes.

LEÇON 1 — RENCONTRES

LUNDI 4 MAI

Paris.
Un accident, avenue
des Champs-Élysées.
Nicolas Legrand rencontre
un musicien.

Roland : Excusez-moi,
Monsieur!

Nicolas : Oh, ça va... Tiens!
Vous êtes musicien?

Roland : Oui.

Nicolas : Moi, je suis chanteur.
Je m'appelle Nicolas Legrand.

Roland : Nicolas Legrand...
Je connais!

Nicolas Legrand chante

OLYMPIA
jeudi 2 avril - 21h

CONSTAT D'ACCIDENT

VÉHICULE A

Nom : Legrand
Prénom : Nicolas
Adresse : 7 Bd ST Michel 75005
Paris

VÉHICULE B

Nom : BRUNOT
Prénom : ROLAND
Adresse : 3 rue Lepic 75018
PARIS

10. Indiquer par une flèche (←)
le point de choc initial

13. croquis de l'accident
Préciser : 1 le tracé des voies - 2 la direction (par des flèches) des véhicules A, B - 3 leur
position au moment du choc - 4 les signaux routiers - 5 le nom des rues (ou routes)

Place C. de Gaulle

Avenue des
Champs - Élysées

11. dégâts apparents

15. signature des condu

10. Indiquer par une
le point de choc

MARDI 5 MAI

**Paris. Rue Mouffetard.
Sylvie Roman rencontre une amie.**

Valérie : Sylvie! Sylvie!

Sylvie : Bonjour Valérie!
Comment ça va?

Valérie : Ça va. Et toi?
Tu habites le quartier?

Sylvie : Oui. Rue Mouffetard. Au 10.

Valérie : C'est formidable! J'habite
place Monge. Au revoir! A bientôt!

Sylvie : Au revoir!

SYLVIE ROMAN
médecin

10 rue Mouffetard
75005 Paris

VALERIE FLORENTINI
journaliste

2 Place Monge
75005 PARIS

LEÇON 1 — VOCABULAIRE ET GRAMMAIRE

■ LES PROFESSIONS – *Il est.../Elle est...*

médecin – journaliste – secrétaire – architecte – professeur – mécanicien – écrivain – étudiant/étudiante – musicien/musicienne – chanteur/chanteuse

■ LES NATIONALITÉS

Pays	(en) France	(en) Espagne	(en) Allemagne	(au) Japon	(au) Maroc	(aux) États-Unis
Masculin	français	espagnol	allemand	japonais	marocain	américain
Féminin	française	espagnole	allemande	japonaise	marocaine	américaine

■ MASCULIN OU FÉMININ

Je suis anglais
Je suis étudiant

Je suis étudiante
Je suis anglaise

Il est anglais/Il est étudiant

Elle est anglaise/Elle est étudiante

Je suis **Tu es** **Vous êtes** **Il est** **Elle est**	français/française médecin

Je m'appelle **Tu t'appelles** **Vous vous appelez** **Il s'appelle** **Elle s'appelle**	Roland Brunot Sylvie

■ ÉPELER

Nom et prénom?

BRUNOT Roland
J'épelle BRUNOT : B, R, U, N, O, T

A - B - C - D - E - F - G - H - I - J - K -
L - M - N - O - P - Q - R - S - T - U -
V - W - X - Y - Z

■ LES NOMBRES

0. zéro - **1.** un - **2.** deux - **3.** trois - **4.** quatre - **5.** cinq - **6.** six - **7.** sept - **8.** huit - **9.** neuf - **10.** dix

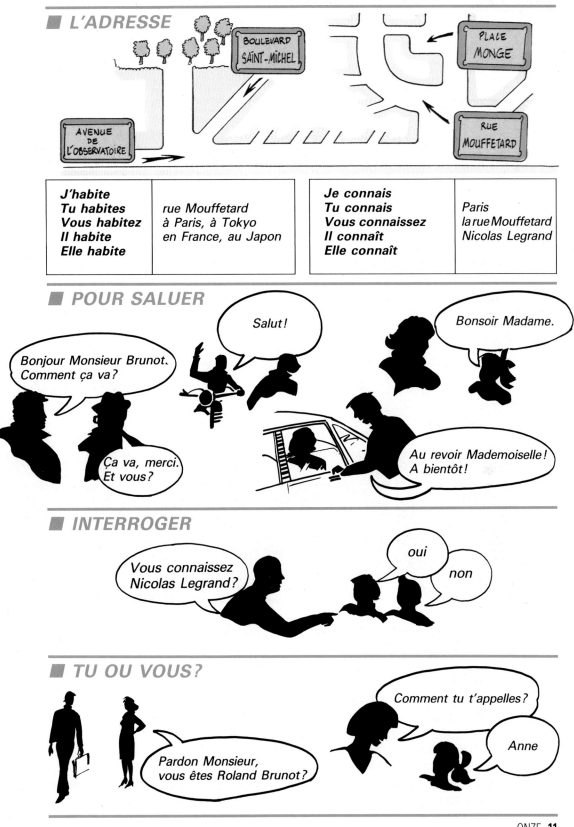

■ L'ADRESSE

J'habite		Je connais	
Tu habites	rue Mouffetard	**Tu connais**	Paris
Vous habitez	à Paris, à Tokyo	**Vous connaissez**	la rue Mouffetard
Il habite	en France, au Japon	**Il connaît**	Nicolas Legrand
Elle habite		**Elle connaît**	

■ POUR SALUER

Salut!

Bonsoir Madame.

Bonjour Monsieur Brunot.
Comment ça va?

Ça va, merci.
Et vous?

Au revoir Mademoiselle!
A bientôt!

■ INTERROGER

Vous connaissez
Nicolas Legrand?

oui

non

■ TU OU VOUS?

Comment tu t'appelles?

Anne

Pardon Monsieur,
vous êtes Roland Brunot?

LEÇON 1   ACTIVITÉS

PHONÉTIQUE

[a] - [ã]

Elle s'appelle Sylvie Roman.
Il s'appelle Roland.
Nicolas est chanteur.

MÉCANISMES

- **Je m'appelle Anna, je suis secrétaire.**
  Je m'appelle ...., je suis ....
- **Elle s'appelle ...., elle est ....**

---

1. QUELLE EST LEUR PROFESSION?

1. Il est médecin
2. Elle ....
3. Il ....
4. Elle ....
5. Il ....
6. Elle ....
7. Il ....
8. Elle ....

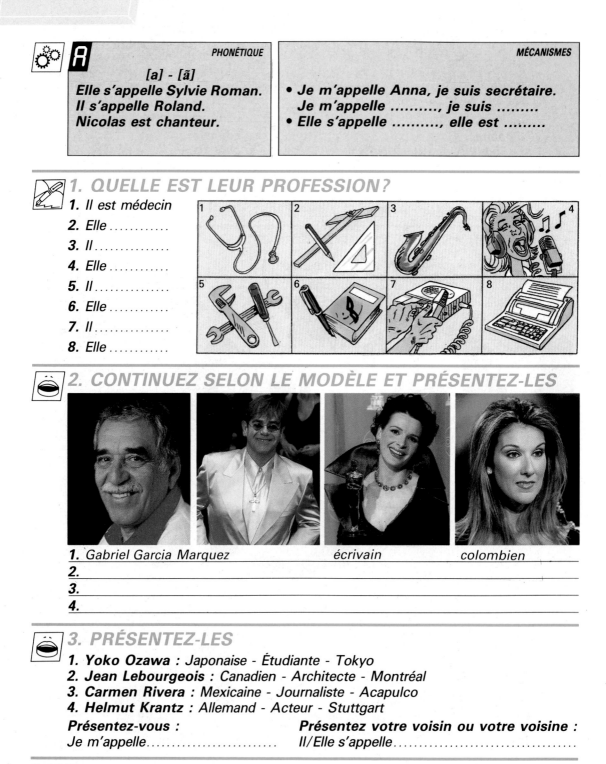

2. CONTINUEZ SELON LE MODÈLE ET PRÉSENTEZ-LES

1. Gabriel Garcia Marquez   écrivain   colombien
2. _____
3. _____
4. _____

3. PRÉSENTEZ-LES

1. **Yoko Ozawa** : Japonaise - Étudiante - Tokyo
2. **Jean Lebourgeois** : Canadien - Architecte - Montréal
3. **Carmen Rivera** : Mexicaine - Journaliste - Acapulco
4. **Helmut Krantz** : Allemand - Acteur - Stuttgart

Présentez-vous :   Présentez votre voisin ou votre voisine :
Je m'appelle.........................   Il/Elle s'appelle...................................

INTONATION
Vous êtes étudiant?
Tu es français?
Elle habite à Paris?

• *Vous habitez à Paris?*
– *Oui, j'habite à Paris.*
• *Elle habite en Espagne?*
Non, elle habite en France.

4. COMPLÉTEZ

Elle s'appelle .....
Elle est .....
Elle ..... à Paris .....

Il ....

MARIE CAMARAT
infirmière

7, avenue Bosquet.
75007 Paris.

HENRI-ALEXANDRE FABRE
docteur en médecine

2, boulevard de Toulon.
13100 Aix-en-Provence.

5. VOUS CONNAISSEZ?

La tour Eiffel - Montmartre - L'Arc de triomphe
Le centre Georges-Pompidou

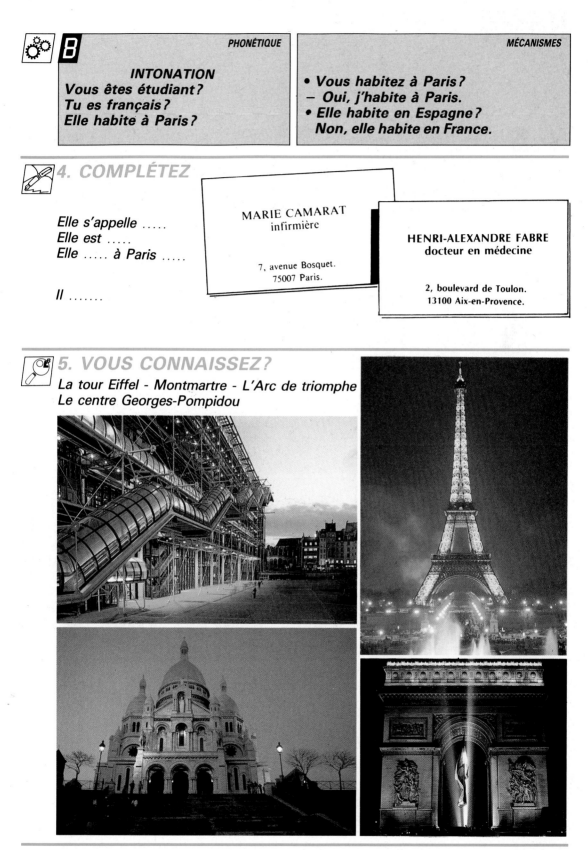

LEÇON 1 ACTIVITÉS

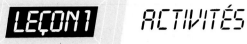

PHONÉTIQUE	MÉCANISMES
INTONATION *Comment ça va ?* *Comment va Roland ?* *Comment allez-vous ?*	• *Vous connaissez Monsieur Brunot ?* *Vous connaissez la France ?* • *Elle connaît la France ?* *Elle connaît . . . . ?*

---

6. QU'EST-CE QU'ILS DISENT ?

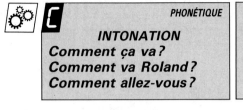

---

7. ÉCOUTEZ. RELIEZ LES DIALOGUES ET LES IMAGES

1. *Salut! Ça va ? — Oui, ça va et toi ? — Ça va.*
2. *Bonsoir Madame Fontaine. — Bonsoir Monsieur Bonnet.*
3. *A bientôt Annie ! — Au revoir. Bon voyage !*

---

8. COMPLÉTEZ AVEC LES VERBES :

Être - s'appeler - connaître - chanter - habiter

Tu .... anglaise ? — Non, je .... américaine.
Vous .... la place Monge ? — Oui, j' .... à Paris, rue Mouffetard.
Il .... à l'Olympia, jeudi 2 avril — Il .... Nicolas Legrand.

---

9. LISEZ

Paul Gomez est français. Il habite à Paris, 9, boulevard des Italiens et il est professeur d'espagnol. Il connaît l'Espagne.
Madame Gomez est secrétaire. Elle connaît Valérie Florentini.

10. IMAGINEZ

Il s'appelle…
Il est… Il habite…

11. ILS SE PRÉSENTENT. FAITES-LES PARLER

LEÇON 2   SYMPATHIES

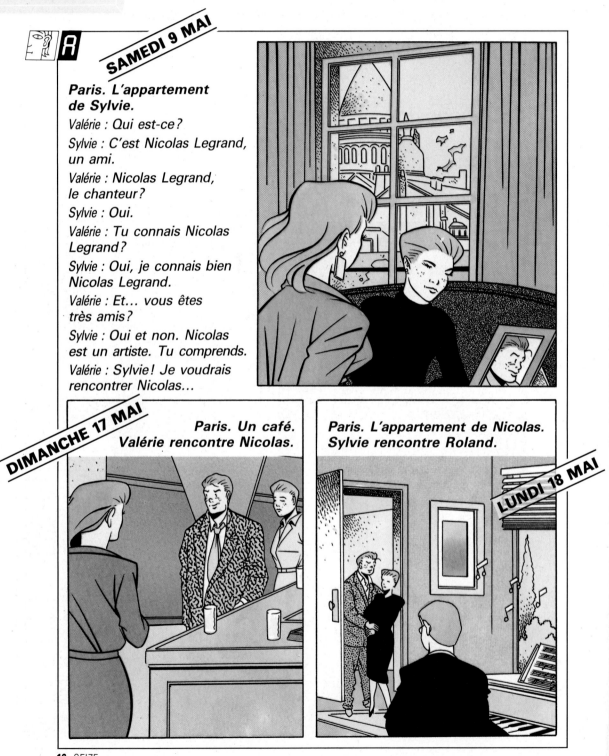

SAMEDI 9 MAI

Paris. L'appartement de Sylvie.

Valérie : Qui est-ce?

Sylvie : C'est Nicolas Legrand, un ami.

Valérie : Nicolas Legrand, le chanteur?

Sylvie : Oui.

Valérie : Tu connais Nicolas Legrand?

Sylvie : Oui, je connais bien Nicolas Legrand.

Valérie : Et... vous êtes très amis?

Sylvie : Oui et non. Nicolas est un artiste. Tu comprends.

Valérie : Sylvie! Je voudrais rencontrer Nicolas...

DIMANCHE 17 MAI

Paris. Un café.
Valérie rencontre Nicolas.

Paris. L'appartement de Nicolas.
Sylvie rencontre Roland.

LUNDI 18 MAI

MERCREDI 20 MAI

Paris. Le Café de la Paix.

Nicolas : Tiens! La photo du concert!

Sylvie : La jolie fille, qui est-ce?

Nicolas : Je ne sais pas.
Une spectatrice...

Sylvie : Et ça... qu'est-ce que c'est?
Un cadeau?

LE JOURNAL DES JEUNES

20/05/88

Nicolas LEGRAND à Marseille
— spectateurs enthousiastes!

*Paris. Une rue du Quartier latin.
Roland rencontre Sylvie, Nicolas
et Valérie.*

DIMANCHE 24 MAI

UN PRINTEMPS A PARIS
musique de roland brunot

un film de

LUNDI 25 MAI

*Paris.
L'appartement de Roland.
Roland voudrait rencontrer
Valérie.*

Roland : Allô, Nicolas?... Bonjour!
C'est Roland Brunot. Excusez-moi.
Vous travaillez?

Nicolas : Non, je ne travaille pas.
J'écoute des disques.

Roland : S'il vous plaît,
je voudrais savoir... L'amie de Sylvie,
comment elle s'appelle?

VOCABULAIRE ET GRAMMAIRE

■ JE VOUDRAIS...

> Je voudrais un disque de Nicolas Legrand, s'il vous plaît.

> Je voudrais habiter à Paris.

■ LES ARTICLES

	Singulier		Pluriel
	masculin	féminin	masculin ou féminin
Articles indéfinis	**un**	**une**	**des**
Articles définis	**le**	**la**	**les**
	l' (devant a, e, i, o, u, h)		

■ FÉMININ ET PLURIEL

un livre → des livre**s**
une photo → des photo**s**

un joli livre → des joli**s** livre**s**
une joli**e** photo → des joli**es** photo**s**

■ QUI EST-CE? QU'EST-CE QUE C'EST?

	Qui est-ce?	C'est un homme C'est M. Legrand	un homme une femme un garçon une fille un enfant
		C'est (ce sont) Sophie et Nicolas	
	Qu'est-ce que c'est?	C'est un cadeau	un cadeau un stylo un livre un cahier
		C'est (ce sont) des photos	

■ DE - DU - DE LA - DE L' - DES

C'est **un** livre. C'est **le** livre **de** Sylvie.
C'est **une** rue. C'est **la** rue **du** cinéma Rex.

Le stylo **de la** secrétaire — Les cahiers **de l'**étudiant — La photo **des** enfants

■ LA NÉGATION

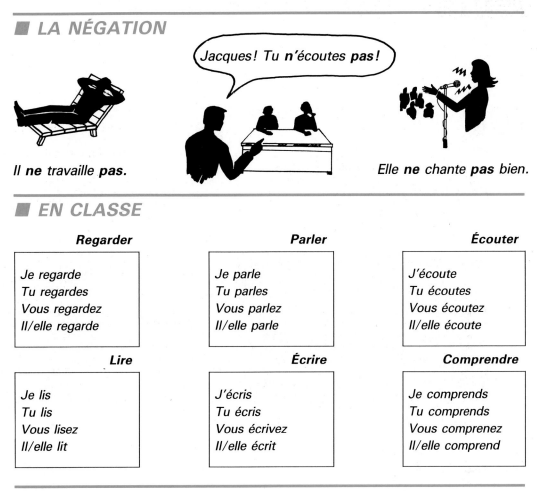

Jacques! Tu n'écoutes pas!

Il **ne** travaille **pas**.

Elle **ne** chante **pas** bien.

■ EN CLASSE

Regarder

Je regarde
Tu regardes
Vous regardez
Il/elle regarde

Parler

Je parle
Tu parles
Vous parlez
Il/elle parle

Écouter

J'écoute
Tu écoutes
Vous écoutez
Il/elle écoute

Lire

Je lis
Tu lis
Vous lisez
Il/elle lit

Écrire

J'écris
Tu écris
Vous écrivez
Il/elle écrit

Comprendre

Je comprends
Tu comprends
Vous comprenez
Il/elle comprend

■ LES JOURS ET LES MOIS

Les jours de la semaine

lundi
mardi
mercredi
jeudi
vendredi
samedi
dimanche

1988 JANVIER ☼ 7 h 46 à 16 h 02	FÉVRIER ☼ 7 h 23 à 16 h 45	MARS ☼ 6 h 34 à 17 h 33
1 V JOUR de l'AN	1 L Sᵉ Ella	1 M S. Aubin
2 S S. Basile	2 M Présentation ☺	2 M S. CharlesleB.
3 D Epiphanie	3 M S. Blaise	3 J S. Guénolé ☺
4 L S. Odilon ☺	4 J Sᵉ Véronique	4 V S. Casimir
5 M S. Edouard	5 V Sᵉ Agathe	5 S S. Olive
6 M S. Mélaine	6 S S. Gaston	6 D Sᵉ Colette
7 J S. Raymond	7 D Sᵉ Eugénie	7 L Sᵉ Félicité
8 V S. Lucien	8 L Sᵉ Jacqueline	8 M S. Jean de D.
9 S Sᵉ Alix	9 M Sᵉ Apolline	9 M Sᵉ Françoise
10 D S. Guillaume	10 M S. Arnaud ☾	10 J S. Vivien

Les mois de l'année

janvier	juillet
février	août
mars	septembre
avril	octobre
mai	novembre
juin	décembre

La date : lundi 4 janvier 19..

■ LES NOMBRES

11. onze - **12.** douze - **13.** treize - **14.** quatorze - **15.** quinze - **16.** seize - **17.** dix-sept - **18.** dix-huit - **19.** dix-neuf - **20.** vingt - **21.** vingt et un - **22.** vingt-deux - **23.** vingt-trois - **24.** vingt-quatre - **25.** vingt-cinq - **26.** vingt-six - **27.** vingt-sept - **28.** vingt-huit - **29.** vingt-neuf - **30.** trente - **31.** trente et un - **32.** trente-deux - .... - **40.** quarante - **50.** cinquante - **60.** soixante

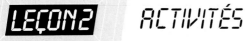 **ACTIVITÉS**

A PHONÉTIQUE | MÉCANISMES

[ã] - [õ]
Valérie habite place Monge.
Roland rencontre Nicolas Legrand.
Sylvie comprend l'anglais.

- *Je voudrais un livre.*
  Je voudrais ....
- *Je voudrais chanter*
  Je voudrais ....

1. QUI EST-CE? PRÉSENTEZ-LES

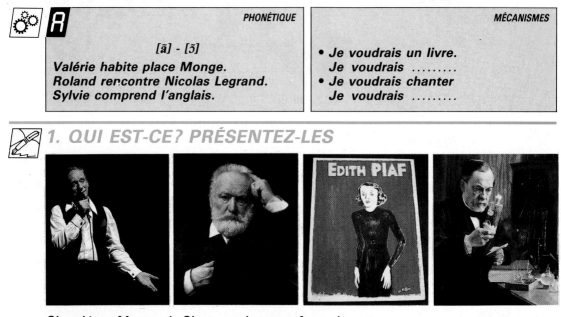

EDITH PIAF

C'est Yves Montand. C'est un chanteur français.
....

2. CHOISISSEZ

1. Un *ou* **une :** *une chanteuse - ... étudiant - ... musicienne - ... amie*
... adresse - ... boulevard - ... appartement - ... rue
2. Le, la, *ou* **l' :** *... place - ... avenue - ... chanteur - ... ami*
... prénom - ... nom - ... musicien - ... secrétaire

3. FAITES-LES PARLER

Qu'est-ce qu'il voudrait?   *Qu'est-ce qu'ils voudraient être?*   *Et vous?*

4. JOUEZ LES SCÈNES

Les rencontres du dimanche 17 mai et du lundi 18 mai (voir p. 16)

PHONÉTIQUE	MÉCANISMES
INTONATION *Je ne sais pas.* *Il ne comprend pas.* *Elle n'habite pas à Paris.*	• *Il comprend?* – *Non, il ne comprend pas.* • *Vous écoutez la radio?* – *Non, je n'écoute pas la radio.*

5. CHOISISSEZ *un, une ou des*

. . . joli stylo	. . . spectatrices enthousiastes	. . . journal français
. . . jolie rue	. . . chanteurs anglais	. . . médecins espagnols
. . . homme enthousiaste	. . . étudiante française	. . . écrivains italiens

6. COMPLÉTEZ *avec l'article qui convient*

Le lundi 4 mai, Roland Brunot rencontre . . . chanteur. C'est Nicolas Legrand, . . . ami de Sylvie Roman. Nicolas Legrand est . . . artiste. Il habite . . . Quartier latin. Il connaît bien . . . cafés et . . . restaurants du boulevard Saint-Michel.

7. RÉPONDEZ

Sylvie Roman est musicienne ? – *Non, elle n'est pas musicienne.*
Valérie habite rue Lepic?...
Sophie connaît Nicolas Legrand?..
L'avenue des Champs-Élysées est à Londres?...
Roland Brunot chante à l'Olympia?..
Vous connaissez la place Monge?..

8. QU'EST-CE QUE C'EST? *Les pyramides d'Égypte – La place de la Concorde – Le Colisée de Rome – L'Opéra de Paris*

LEÇON 2 — ACTIVITÉS

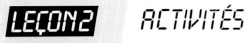

PHONÉTIQUE	MÉCANISMES
[y] - [i] **Salut Sylvie! Comment vas-tu?** **Roland Brunot habite rue Lepic.** **S'il vous plaît! L'avenue des États-Unis?**	**C'est la photo de Valérie.** **C'est la photo** .... **Ce sont les livres de Roland.** **Ce sont les livres** ....

9. COMPLÉTEZ *avec de, du, de la, de l', des*

le cadeau ... enfants - le stylo ... Jacques - les livres ... étudiant
la rue ... Sylvie - le concert ... chanteuse - la photo ... musicien

Au café de la Paix, Sylvie regarde la photo ... concert ... Nicolas
et le collier ... spectatrice.

10. TROUVEZ LES QUESTIONS

• ....?
– Non, je ne travaille pas le dimanche.
• ....?
– Jacques Duval.

• ....?
– C'est un cadeau.
• ....?
– C'est un ami.

11. ÉCOUTEZ. RELIEZ LES DIALOGUES ET LES IMAGES

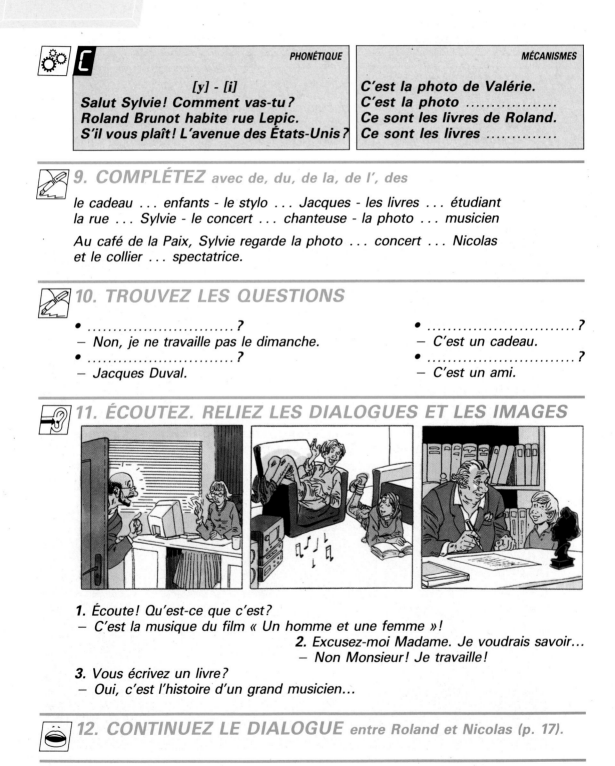

1. Écoute! Qu'est-ce que c'est?
– C'est la musique du film « Un homme et une femme »!
      2. Excusez-moi Madame. Je voudrais savoir...
      – Non Monsieur! Je travaille!
3. Vous écrivez un livre?
– Oui, c'est l'histoire d'un grand musicien...

12. CONTINUEZ LE DIALOGUE *entre Roland et Nicolas (p. 17).*

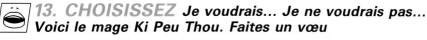

13. CHOISISSEZ *Je voudrais... Je ne voudrais pas...*
Voici le mage Ki Peu Thou. Faites un vœu

- *habiter à Tahiti*
- *rencontrer Alain Delon ou Catherine Deneuve*
- *connaître un extra-terrestre (E.T.)*
- *savoir parler français, anglais, espagnol et russe*
- *chanter à l'Olympia*
- *écrire un grand roman*
- *travailler avec Valérie Florentini*
- *être...*

14. JOUEZ LES SCÈNES

Scénario 1

Scénario 2

GOÛTS ET PRÉFÉRENCES

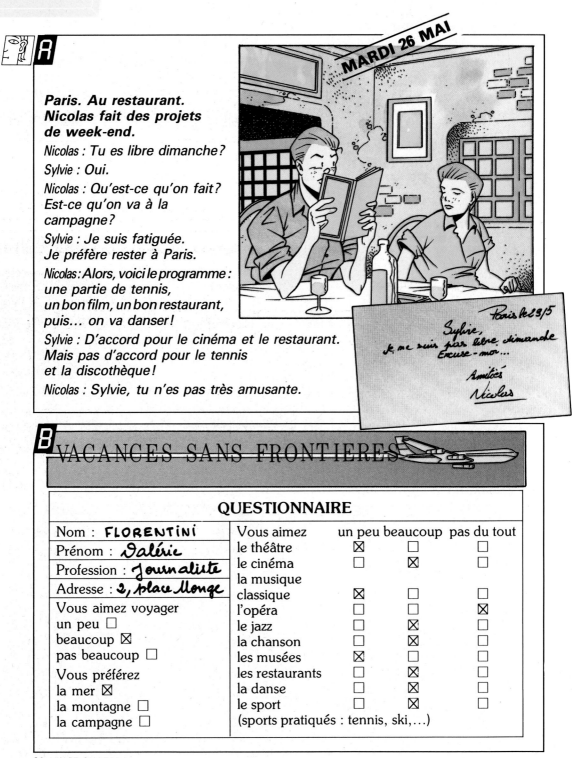

A

**Paris. Au restaurant.
Nicolas fait des projets
de week-end.**

Nicolas : Tu es libre dimanche?

Sylvie : Oui.

*Nicolas : Qu'est-ce qu'on fait?
Est-ce qu'on va à la
campagne?*

*Sylvie : Je suis fatiguée.
Je préfère rester à Paris.*

*Nicolas : Alors, voici le programme :
une partie de tennis,
un bon film, un bon restaurant,
puis… on va danser!*

*Sylvie : D'accord pour le cinéma et le restaurant.
Mais pas d'accord pour le tennis
et la discothèque!*

Nicolas : Sylvie, tu n'es pas très amusante.

B VACANCES SANS FRONTIERES

QUESTIONNAIRE

		un peu	beaucoup	pas du tout
Nom : **FLORENTINI**	Vous aimez			
Prénom : *Valérie*	le théâtre	⊠	☐	☐
Profession : *Journaliste*	le cinéma	☐	⊠	☐
Adresse : *2, place Monge*	la musique classique	⊠	☐	☐
Vous aimez voyager	l'opéra	☐	☐	⊠
un peu ☐	le jazz	☐	⊠	☐
beaucoup ⊠	la chanson	☐	⊠	☐
pas beaucoup ☐	les musées	⊠	☐	☐
Vous préférez	les restaurants	☐	⊠	☐
la mer ⊠	la danse	☐	⊠	☐
la montagne ☐	le sport	☐	⊠	☐
la campagne ☐	(sports pratiqués : tennis, ski,…)			

Paris. A la piscine.
Roland invite Valérie.

Roland : Valérie! Je vais à l'opéra
vendredi. J'ai deux billets.
Vous venez?

Valérie : Merci. Vous êtes gentil.
Mais, je déteste l'opéra!

Roland : Vous aimez la musique
classique? Il y a un concert
dimanche à Notre-Dame.

Valérie : Je suis désolée Roland.
Dimanche, je vais chez des amis
à la campagne.

C **Paris. L'appartement de Nicolas. Valérie interviewe Nicolas.**

02/06/88

PORTRAIT par Valérie Florentini

PORTRAIT
NICOLAS LEGRAND

On connaît bien l'artiste. L'homme est
différent. Il a 27 ans. Il habite un grand
appartement, boulevard Saint-Michel et il
adore le quartier. Il va beaucoup au cinéma
et il aime bien les films de Truffaut. Mais
c'est aussi un sportif. Il fait du tennis et du
ski. La musique classique? Il ne déteste pas,
mais il préfère le jazz et la chanson.

VOCABULAIRE ET GRAMMAIRE

LES LOISIRS

Aller	à Paris
	au cinéma
	à la piscine
Je vais	aux Champs-Élysées
Tu vas	à l'opéra
Vous allez	danser
Il/elle/on va	voyager

■ Les lieux

un cinéma - un théâtre - un opéra -
un musée - un café - un restaurant

la mer

la montagne

la campagne

■ Les spectacles

un programme - un billet -
le cinéma (un film) - le théâtre (une pièce)
l'opéra (un opéra) - la danse (un ballet)
la musique classique - le jazz - la chanson
(un concert)

Faire	
Je fais	du sport
Tu fais	de la musique
Vous faites	
Il/elle/on fait	

■ Les sports

le football (un match de . . .)
le tennis (une partie de . . .)
la natation - le ski

À, AU, À L', À LA, AUX, EN, CHEZ

Aller • rester • être

A + nom de ville
à Paris
à Londres

CHEZ + nom de personne
chez Jacques
chez le médecin

EN/AU/AUX + nom de pays
en France (la France)
au Portugal (le Portugal)
aux États-Unis (les États-Unis)

AU/À LA/AUX + autres noms de lieux
au cinéma (le cinéma)
à la piscine (la piscine)
aux toilettes (les toilettes)

ON

On va
au cinéma?

English spoken
on parle français
se habla español

■ INTERROGER

Vous aimez la mer?

Qu'est-ce que vous faites comme sport?

Est-ce que vous allez au cinéma?

Vous allez au théâtre?

■ PROPOSER

On va au cinéma?   Oui d'accord.

On va danser?   Je suis d'accord.

Je vais au théâtre.   Je ne suis pas d'accord.

Tu viens?   Non, excuse-moi, je suis fatigué(e).

Venir
Je viens
Tu viens
Vous venez
Il/elle/on vient

■ AIMER - ADORER - PRÉFÉRER

elle adore
elle aime beaucoup
elle aime bien
elle aime
elle aime un peu
elle n'aime pas beaucoup
elle n'aime pas
elle n'aime pas du tout
elle déteste

le théâtre
le tennis
. . . .

chanter
voyager
danser
faire du sport
. . . .

Aimer
J'aime
Tu aimes
Vous aimez
Il/elle/on aime

Préférer
Je préfère
Tu préfères
Vous préférez
Il/elle/on préfère

Elle préfère le cinéma.
Et vous, qu'est-ce que vous préférez?
Le cinéma **ou** le théâtre?

■ S'EXCUSER

Excusez-moi!
Je suis désolée.

■ IL Y A

Oasis de Dirba
50 km

Est-ce qu'il y a un café à Dirba?

■ AVOIR

Avoir	
J'ai	
Tu as	un billet
Vous avez	un dictionnaire
Il/elle/on a	une voiture

ACTIVITÉS

PHONÉTIQUE	MÉCANISMES

INTONATION
Est-ce que vous travaillez?
Est-ce que tu aimes le cinéma?
Est-ce que vous allez au cinéma dimanche?
	• *Vous êtes français?*
	  Est-ce que vous êtes français?
	• *Elle aime la mer?*
	  Est-ce qu'elle aime la mer?

1. QU'EST-CE QU'ILS FONT? QU'EST-CE QU'ILS DISENT?

Il va ....   « Je vais .... »

Qu'est-ce que vous faites le dimanche? Je vais ......
en vacances? ....
le lundi? ....

2. CHOISISSEZ LA PRÉPOSITION *et mettez le verbe à la forme qui convient*

Je **(aller)** .... café
Il **(habiter)** .... Italie
Vous **(être)** .... la campagne

Elle **(rester)** .... Paris
Il **(aller)** .... le médecin
Elle **(chanter)** .... États-Unis

3. FAITES DES PROJETS *de week-end... de vacances*

Allô, Jacques? Tu es libre dimanche?

On est bientôt en vacances. Qu'est-ce qu'on fait?

Pas d'accord. Non, moi je vais...

Oui, c'est bien. D'accord.

Excuse-moi. Je suis fatigué...

PHONÉTIQUE	MÉCANISMES
[ɛ] - [e] *J'aime le théâtre.* *Elle préfère les discothèques.* *Vous détestez la mer.*	• *Vous aimez le cinéma?* *Oui, j'aime beaucoup le cinéma.* • *Vous aimez voyager?* *Oui, j'aime beaucoup voyager.*

4. QUELS SONT LES GOÛTS de Monsieur et de Madame Dubois?

Monsieur Dubois	**Madame Dubois**
lire (+)	*aller au cinéma* (+ + +)
Beethoven (+ + +)	*regarder la télévision* (+ + +)
le football (−)	*jazz* (− −)
la radio (+ +)	*l'opéra* (−)
le sport (− − −)	*le ski* (+ +)

aime bien	+
aime beaucoup	+ +
adore	+ + +
n'aime pas beaucoup	−
n'aime pas du tout	− −
déteste	− − −

Monsieur Dubois aime bien lire. Il adore la musique de Beethoven...

5. EST-CE QUE VOUS AIMEZ? Beaucoup? Pas du tout?

MONET : La Cathédrale de Rouen

PICASSO : La Femme à la collerette bleue

 **ACTIVITÉS**

---

 6. LISEZ LE QUESTIONNAIRE de « Vacances sans Frontières » rempli par Valérie (voir p. 24)

■ **Présentez les goûts et les préférences de Valérie**
« Elle aime beaucoup voyager... »

■ **A votre tour remplissez le questionnaire et présentez vos goûts et vos préférences**
« J'aime... j'adore... je n'aime pas du tout... »

---

7. EST-CE QUE VOUS CONNAISSEZ?

Reliez les pays, les villes et les monuments

La France	Mexico	La cathédrale Westminster
L'Italie	Venise	Les temples aztèques
L'Angleterre	Paris	La tour Eiffel
Le Mexique	Grenade	L'Alhambra
L'Espagne	Londres	La place Saint-Marc

■ **En France, il y a Paris. A Paris, il y a la tour Eiffel**
En Italie, ...

■ **Posez des questions avec d'autres pays, d'autres villes**
Qu'est-ce qu'il y a, à Munich? ....

PHONÉTIQUE	MÉCANISMES
[œ̃] - [yn] C'est un artiste - C'est une artiste C'est un sportif - C'est une sportive C'est un musicien - C'est une musicienne	• Vous aimez beaucoup le théâtre? Non, je n'aime pas beaucoup le théâtre. • Vous aimez beaucoup voyager? Non, je n'aime pas beaucoup voyager.

---

8. LISEZ LE PORTRAIT de Nicolas Legrand (voir p. 25)

Dites si c'est vrai ou faux

Nicolas Legrand habite un petit appartement − « faux »
Il adore le cinéma
Il n'aime pas le Quartier latin
Il aime beaucoup faire du sport
Il aime un peu la musique classique
Il va beaucoup écouter des concerts de jazz

---

9. JOUEZ LA SCÈNE *du jeudi 28 mai (voir p. 25)*

Valérie interviewe Nicolas

10. PORTRAIT

Une jeune journaliste : Valérie Florentini par ...... **Écrivez l'article**

11. ÉCOUTEZ *l'interview d'Isabelle Lefranc, recopiez le questionnaire de « Vacances sans frontières » (voir p. 24), et remplissez-le*

12. FAITES DES PROJETS DE WEEK-END *Voici le programme des spectacles, choisissez*

■ Théâtre - Opéra

*La Traviata, opéra de Verdi
avec Angela Gheorghiu et Ramon Vargas.*

■ Musique - Jazz - Rock

Salle Pleyel. *252, fg Saint-Honoré.
Orchestre de Paris, Direction Pierre
Boulez. Oeuvres de Bartok, Mahler.*

Palais Omnisport de Bercy.
Johny Halliday.

Le Petit Journal Montparnasse.
*13, rue du Commandant Mouchotte.
Paname Jazz Band.*

Théâtre de la cité internationale.
*21, boulevard Jourdan.
Ballet folklorique de la Maison du
Mexique.*

■ Cinéma

Le Grand Rex. *1, bd Poissonnière.
On connaît la chanson.
Séances :
13 h 15 - 15 h 25 - 17 h 35 - 19 h 45 -
21 h 55.*

Gaumont Ambassade. *50, av. des
Champs-Elysées.
Le Bossu de Notre-Dame
Séances : 14 h 10 - 16 h 30- 18 h -
22 h 30.*

Saint-Michel. *7, place Saint-Michel.
Jurassic Park
Séances : 13 h 30 - 15 h - 17 h 30 -
20 h - 22 h 30.*

LEÇON 4

ACCORDS ET DÉSACCORDS

Paris. Devant la Comédie-Française. Sylvie a rendez-vous avec Nicolas.

Sylvie : Tu arrives maintenant !

Nicolas : Je suis en retard ?

Sylvie : La pièce commence à huit heures et demie.

Nicolas : Quelle heure est-il ?

Sylvie : Neuf heures et quart.

Nicolas : Bon. Alors, qu'est-ce qu'on fait ? On entre ? On va dîner ?

Sylvie : Non, je rentre chez moi. Bonne nuit !

SAMEDI 13 JUIN

Paris. Dans une discothèque.

Valérie : Roland, voulez-vous danser ?

Roland : Euh… Je ne sais pas danser le rock.

Valérie : Eh bien, apprenez ! Regardez Nicolas ! Venez !

Roland : Non, je ne peux pas laisser Sylvie.

Valérie : Attention ! Les femmes n'aiment pas les mauvais danseurs !

Roland : Je sais… Je sais…

C

VOCABULAIRE ET GRAMMAIRE

■ L'HEURE   **Quelle heure est-il? Il est** ......

9.00	9.15	9.30	9.45
neuf heures	neuf heures et quart (neuf heures quinze)	neuf heures et demie (neuf heures trente)	dix heures moins le quart (neuf heures quarante-cinq)

10.05	10.40	12.00	0.00
dix heures cinq	onze heures moins vingt (dix heures quarante)	midi (douze heures)	minuit (zéro heure)

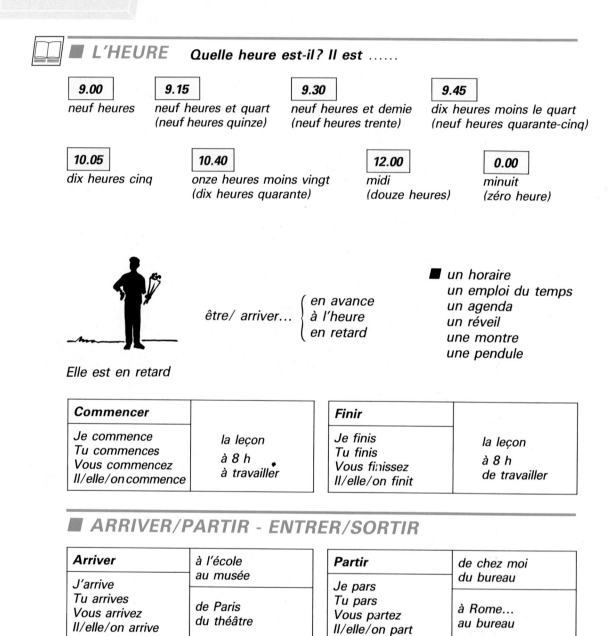

être/ arriver... ⎧ en avance
⎨ à l'heure
⎩ en retard

■ un horaire
un emploi du temps
un agenda
un réveil
une montre
une pendule

Elle est en retard

Commencer		**Finir**	
Je commence Tu commences Vous commencez Il/elle/on commence	la leçon à 8 h à travailler	Je finis Tu finis Vous finissez Il/elle/on finit	la leçon à 8 h de travailler

■ ARRIVER/PARTIR - ENTRER/SORTIR

Arriver	à l'école au musée	**Partir**	de chez moi du bureau
J'arrive Tu arrives Vous arrivez Il/elle/on arrive	de Paris du théâtre	Je pars Tu pars Vous partez Il/elle/on part	à Rome... au bureau

Entrer		**Sortir**	
J'entre Tu entres Vous entrez Il/elle/on entre	dans la classe	Je sors Tu sors Vous sortez Il/elle/on sort	de la classe

■ INTERROGER

1. *Vous partez?*
2. *Est-ce que vous partez?*
3. *Partez-vous?*

1. *Annie déjeune avec toi?*
2. *Est-ce qu'Annie déjeune avec toi?*
3. *Annie déjeune-t-elle avec toi?*

■ INVITER

Vous dansez? *Voulez-vous danser avec moi?*

■ Voulez-vous venir…?

– *Oui, d'accord, merci.*
– *Non, je ne peux pas.*
  Je ne suis pas libre.

Vouloir	Pouvoir
Je veux	*Je peux*
Tu veux	*Tu peux*
Vous voulez	*Vous pouvez*
Il/elle/on veut	*Il/elle/on peut*

■ DEMANDER

Est-ce que je peux venir?

■ L'IMPÉRATIF

Regarde!   *Ne regarde pas!*   *Sors!*   *Ne sors pas!*
Regardez!   *Ne regardez pas!*   *Sortez!*   *Ne sortez pas!*

Attention : *Tu regardes – Regarde!*

■ SAVOIR - CONNAÎTRE

Savoir
Je sais
Tu sais
Vous savez
Il/elle/on sait

je sais { *danser, parler français*
            comment il s'appelle

je connais { *l'Italie*
               Nicolas Legrand
               un bon médecin

Connaître
Je connais
Tu connais
Vous connaissez
Il/elle/on connaît

■ LA NÉGATION

- *Il connaît **le** professeur Dupont → Il **ne** connaît **pas le** professeur Dupont*
- *Il connaît **un** bon médecin → Il **ne** connaît **pas de** bon médecin*
- *Il y a **des** restaurants rue Mouffetard → Il **n'y a pas de** restaurant rue Belleuse*

LEÇON4 ACTIVITÉS

PHONÉTIQUE	MÉCANISMES
« e » non prononcé Elle arrive Elle habite place Monge Elle arrive à quatre heures	• *A quelle heure il déjeune ?* *Il déjeune à midi.* • *A quelle heure elle commence à travailler ?* *Elle commence à travailler à neuf heures.*

1. ÉCRIVEZ L'HEURE *selon le modèle*

8 h 40 = a) *huit heures quarante*   b) *neuf heures moins vingt*

10 h 30 - 6 h 45 - 13 h 15 - 0 h 10 - 21 h 25 - 23 h 50

2. QUELLE HEURE EST-IL *à ces horloges de Paris ?*

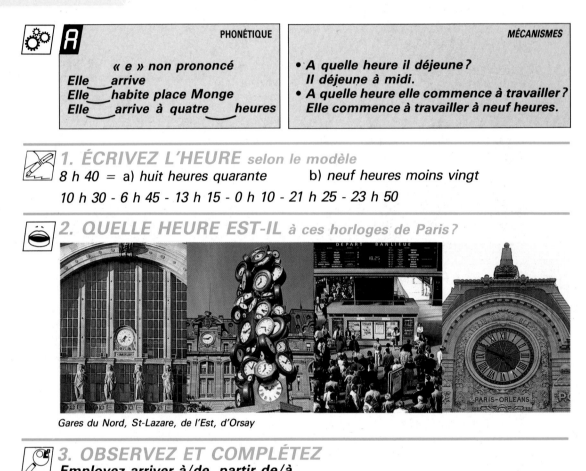

Gares du Nord, St-Lazare, de l'Est, d'Orsay

3. OBSERVEZ ET COMPLÉTEZ
Employez arriver à/de, partir de/à

PARIS → LYON → VALENCE → MARSEILLE → NICE

N° du TGV		803	807	781	◆ 833	789	783	809/811	805	821
Restauration		▣	▣		▣			1/2		1/2
Paris - Gare de Lyon	D	7.00	7.40	8.23	8.29	8.57	9.55	10.23	13.24	13.24
Le Creusot TGV	A		9.05							
Lyon - Part-Dieu	A	9.00			10.33					
Valence	A	9.54	10.38	11.20		11.50	12.50		16.15	16.15
Montélimar	A		11.00							
Avignon	A	10.50	⌐11.38					14.08	17.11	17.11
Marseille	A	11.46	12.35					15.03	18.10	
Toulon	A	a	a		13.46			15.52		18.43
St-Raphaël	A		a		14.37			a		19.35
Cannes	A		a		◀15.02			a		◀19.58
Antibes	A		a		◀15.12			a		◀20.08
Nice	A		a		15.27			a		20.25
Samedi 31 octobre			○		★			★	★	★

Le train n° 803 part de Paris à .... Il arrive à Marseille à ....

Le train n° 807 ....   Paris à 7 h 40.   Il .... Valence à 10 h 38

Le train n° 833 ....   Paris à 8 h 29.   Il .... Lyon à 10 h 33

Il est 15 h 27. Le train n° 833 ...... Nice. Il ...... Antibes.

4. COMPLÉTEZ AVEC « en avance » « en retard » « à l'heure »

Le film commence à 14 h. Valérie arrive au cinéma à 14 h 15. Elle est ....
Le rendez-vous est à 19 h. Sylvie arrive à 19 h. Elle est ....
Nicolas arrive à 19 h 30. Il est ....
Le train part à 7 h. M. Duval arrive à la gare à 6 h 30. Il est ....
Mme Duval arrive à 7 h. Elle est ....

5. LISEZ L'AGENDA DE SYLVIE (voir p. 32). Racontez

Jeudi 5, Sylvie arrive à l'hôpital à ....

PHONÉTIQUE	MÉCANISMES

B [ø] - [e] - [ɛ]
Il peut aller à l'opéra.
Elle veut arriver à l'heure.
Il a deux rendez-vous.
	• **Vous pouvez venir ?**
	  Oui, je peux venir.
	• **Il veut partir ?**
	  Non, il ne veut pas partir.

6. EST-CE QUE VOUS CONNAISSEZ ?

Notre-Dame
et la Seine
La Géode
à la Villette
Statue de Louis XIV
à Versailles
Statue
de Jeanne d'Arc

ACTIVITÉS

7. ÉCRIVEZ *les trois formes de questions possibles*

Il arrive à 8 h →
- *Il arrive à 8 h?*
- *Est-ce qu'il arrive à 8 h?*
- *Arrive-t-il à 8 h?*

a) *Elle part.*   b) *Je pars à 8 h.*

c) *Non je ne peux pas venir.*   d) *Non, je n'aime pas le cinéma.*

e) *Oui, Nicolas vient danser.*   f) *Non, Valérie n'habite pas à Marseille.*

8. RÉPONDEZ

a) *Savez-vous chanter? - Pouvez-vous chanter devant 2 000 spectateurs?*

b) *Savez-vous écrire? - Pouvez-vous écrire un roman de 300 pages?*

c) *Savez-vous faire du tennis? - Pouvez-vous jouer avec Lendl?*

d) *Savez-vous danser? - Pouvez-vous danser avec le ballet de l'Opéra?*

e) *Pouvez-vous arriver à l'heure à un rendez-vous?*

9. DONNEZ L'ORDRE *ou le conseil qui convient en employant le verbe entre parenthèses*

- *Danser le rock, c'est bien* .... **Dansez le rock!**
- *La pièce de théâtre n'est pas bonne* .... **N'allez pas au théâtre!**
- *Il y a un bon programme à la télévision* .... (regarder).
- *Le programme de la radio n'est pas bon* .... (écouter).
- *Faire du sport, c'est bien* .... (faire).
- *Le rendez-vous est à 8 h précises* .... (arriver).
- *Tu es fatigué. Tu ne veux pas venir* .... (rester).
- *Tu chantes très bien* .... (chanter).

C   PHONÉTIQUE   MÉCANISMES

[ø] - [o] - [ɔ]
Elle veut commencer.
Bonjour Monsieur Gomès.
Il fait deux cadeaux.

- **Tu as un stylo?**
  Non, je n'ai pas de stylo.
- **Il veut des livres?**
  Non, il ne veut pas de livres.

10. RÉPONDEZ *par une phrase négative*

- *Est-ce qu'elle aime le sport?*
- *Voulez-vous un dictionnaire?*
- *Est-ce qu'il y a des théâtres dans le Sahara?*
- *Il a une voiture?*
- *Aimez-vous beaucoup la musique?*
- *Veut-elle chanter une chanson?*

11. ÉCOUTEZ *la conversation entre Sylvie et Valérie*

Remplissez l'agenda de Sylvie

Dimanche 4	Lundi 5
8	8
9	9
10	10
11	11
12	12
13	13
14	14
15	15
16	16
17	17
18	18
19	19
20	20

12. IMAGINEZ LA SUITE DU PROGRAMME

Programme

7.00 Bonjour la France
8.00 Informations
8.30 Interviews
10.00 Chansons du monde
...

13. JOUEZ LES SCÈNES

Imitez le dialogue A
(voir p. 32)

Imitez le dialogue B
(voir p. 33)

14. RÉDIGEZ

a) Rédigez la réponse

Pouvez-vous venir dîner mardi 8 Janvier ?
Jacques

b) Rédigez l'invitation

D'accord pour mercredi soir.
Merci
Denise

c) Rédigez l'invitation

Excusez-moi, je ne peux pas venir. Je pars à Londres lundi. Marie

SURPRISES

A

Paris. Au jardin des Tuileries.

Roland : Sylvie, vous êtes triste ?

Sylvie : Non, je rêve...

Roland : Ça ne va pas ? Partez en vacances !

Sylvie : Oui. Je pars bientôt sur la Côte d'Azur, chez une amie.

Roland : C'est bien. Et puis... Il y a Nicolas, là-bas, en juillet.

Sylvie : Oh ! Vous savez. Nicolas est un ami d'enfance. Il est sympathique. Il est amusant. Mais nous sommes vraiment différents.

MARDI 30 JUIN

LUNDI 14 JUILLET

B

Beaulieu. Sur le port.

Sylvie : Regarde ! Tu vois le grand brun, là-bas au restaurant ?

Roland : Oui, ce n'est pas Nicolas ?

Sylvie : Si. Et la fille, c'est Valérie !

Roland : Qu'est-ce qu'on fait ? On y va ?

Sylvie : Bien sûr !

Beaulieu. Les quatre amis déjeunent ensemble.

Nicolas : Eh bien, les amis, bon appétit!

Valérie : Roland, vous avez le temps demain...?

Roland : Vous pouvez dire « tu ».

Valérie : D'accord. Tu as le temps demain, pour une interview?

Roland : Une interview ? Je ne suis pas un homme intéressant, moi!

Valérie, Nicolas et Sylvie : Mais si! Mais si!

PORTRAIT par Valérie Florentini
UN MUSICIEN SYMPATHIQUE : ROLAND BRUNOT

20/07/88

On connaît la musique du film « Un printemps à Paris ». On connaît la musique des nouvelles chansons de Nicolas Legrand. Mais on connaît mal Roland Brunot. Enfant, il étudie le piano, le violon, puis la guitare. A 15 ans, il écrit des chansons. A 18 ans, il compose un opéra. Homme discret et grand timide, il sait parler avec passion de Berlioz.

 **VOCABULAIRE ET GRAMMAIRE**

■ DÉCRIRE UNE PERSONNE

	Un homme	**Une femme**
la taille	grand/petit gros/mince	grande/petite grosse/mince
l'âge	jeune/vieux (vieil)	jeune/vieille
les cheveux	blond/brun/roux	brune/blonde/rousse
la beauté	beau (bel) pas beau-laid	belle-jolie pas belle-laide

Qualités	**Défauts**
sympathique	antipathique
gentil-gentille	méchant-méchante
content-contente	mécontent-mécontente
intelligent-intelligente	bête
courageux-courageuse	timide
intéressant-intéressante	ennuyeux-ennuyeuse
souriant-souriante	triste
amusant-amusante	

■ L'ADJECTIF

1. Féminin
triste → triste   roux → rousse
intelligent → intelligente   beau → belle
courageux → courageuse   vieux → vieille

2. Pluriel
des femmes intelligentes
de beaux livres

■ INTERROGER/RÉPONDRE

C'est Jacques?
– Oui.

Ce n'est pas Jacques?
– Si.

C'est Sylvie?
– Non.

Ce n'est pas Sylvie?
– Non.

■ LA CONJUGAISON DES VERBES

Parler (et verbes en -er)	Dire
Je parle	Je dis
Tu parles	Tu dis
Il/elle/on parle	Il/elle/on dit
Nous parlons	Nous disons
Vous parlez	Vous dites
Ils/elles parlent	Ils/elles disent

Attention !
vous → singulier ou pluriel

Pour les autres verbes voir les tableaux de conjugaison p. 212 à 215

Pluriels de la conjugaison des verbes que vous connaissez

Être	Avoir	Venir
Nous sommes	Nous avons	Nous venons
Vous êtes	Vous avez	Vous venez
Ils/elles sont	Ils/elles ont	Ils/elles viennent

Partir	Vouloir	Aller
Nous partons	Nous voulons	Nous allons
Vous partez	Vous voulez	Vous allez
Ils/elles partent	Ils/elles veulent	Ils/elles vont

■ L'ÂGE

Quel âge avez-vous ?
J'ai 20 ans.
Il a 22 ans aujourd'hui.
Elle a 30 ans demain.
Il a bientôt 10 ans.

■ QUEL

Quel âge avez-vous ?
Quelle heure est-il ?
Quels livres lisez-vous ?
Quelles villes préférez-vous ?

J'ai 40 ans !

Et moi, j'ai 20 ans !

■ LES NOMBRES

70. soixante-dix - **71.** soixante et onze - **72.** soixante-douze - **73.** soixante-treize - **74.** soixante-quatorze - **75.** soixante-quinze - **76.** soixante-seize - **77.** soixante-dix-sept - **78.** soixante-dix-huit - **79.** soixante-dix-neuf - **80.** quatre-vingts - **81.** quatre-vingt-un - **82.** quatre-vingt-deux - **83.** quatre-vingt-trois - **90.** quatre-vingt-dix - **91.** quatre-vingt-onze - **92.** quatre-vingt-douze - **93.** quatre-vingt-treize - **100.** cent - **200.** deux cents - **1000.** mille - **100 000.** cent mille - **200 000.** deux cent mille - **1 000 000.** un million

 **LEÇONS** ACTIVITÉS

 A

PHONÉTIQUE	MÉCANISMES
[y] - [u] *Vous allez sur la Côte d'Azur?* *Bien sûr! Nous aimons la musique.* *Tu viens au musée?*	• *C'est un homme intéressant.* *C'est une femme intéressante.* • *Ce sont des amis* ....

1. FAITES L'ACCORD DES ADJECTIFS

une **(beau)** *femme* → *une* **belle** *femme*

■ *Une femme* **(intelligent)**
Un **(beau)** *tableau*
Des **(beau)** *images*
Une **(vieux)** *photo*

■ *Elles sont* **(musicien)**
Paul et Jacques sont **(petit)**
Marie est **(grand)** *et* **(brun)**
Ils sont **(content)**

■ *Ce sont des enfants* **(timide)**
C'est un homme **(antipathique)**
C'est une femme **(souriant)** *et* **(gentil)**
Ce sont des femmes **(intelligent)** *et* **(courageux)**

2. DÉCRIVEZ LES PERSONNAGES

Catherine est une jeune femme, grande, mince… Elle parle à…

3. VOICI LES PERSONNAGES du roman de Victor Hugo « Notre-Dame de Paris ». Présentez-les.

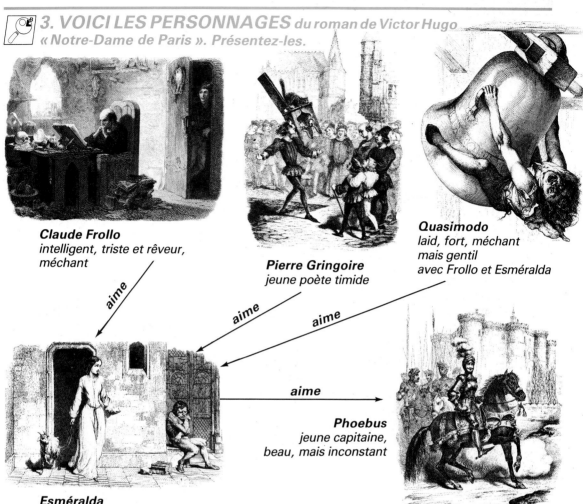

Claude Frollo
intelligent, triste et rêveur, méchant

Pierre Gringoire
jeune poète timide

Quasimodo
laid, fort, méchant mais gentil avec Frollo et Esméralda

aime

aime

aime

aime

Phoebus
jeune capitaine, beau, mais inconstant

Esméralda
jeune fille, jolie, brune, timide et sauvage

■ **Présentez les personnages d'un roman que vous connaissez**

B

PHONÉTIQUE

INTONATION
Ce n'est pas Nicolas?
Sylvie n'aime pas le cinéma?
Vous n'allez pas au théâtre?

MÉCANISMES

• **Voulez-vous déjeuner?**
  Oui, nous voulons déjeuner.
....
• **Allez-vous au cinéma?**
  Non, nous n'allons pas au cinéma.

4. METTEZ LES VERBES à la forme qui convient

Nous (être) *tous des poètes.*
*En français, nous (**faire**) la fête*
*et nous (**jouer**) du violon,*
avec les mots de la leçon.
*Nous (**écouter**), nous (**répondre**).*

*Nous (**savoir**) dire oui et non.*
*Nous (**faire**) très attention*
à toutes les explications.
*Et la nuit, quand nous (**dormir**)*
*nous (**rêver**) de conjugaisons.*

LEÇONS ACTIVITÉS

---

5. RÉPONDEZ

Nicolas Legrand n'est pas chanteur? → *Si, il est chanteur*

- *Est-ce que Sylvie est sur la Côte d'Azur?*
- *Est-ce que Nicolas ne chante pas à l'Olympia?*
- *Est-ce que Nicolas n'a pas un rendez-vous avec Valérie?*
- *Nicolas est à l'heure au rendez-vous?*
- *Valérie n'est pas à Paris?*
- *Sylvie n'aime pas Roland?*

---

6. JOUEZ LA SCÈNE. **Ils reconnaissent quelqu'un**

C   PHONÉTIQUE   MÉCANISMES

LIAISON
Un petit homme - Un grand opéra
Il a neuf ans - Elle a douze ans
Les enfants - Les amis

- *Paul sait danser et Marie sait danser.*
  Ils savent danser.
- *Annie ne sait pas lire et Nicole ne sait pas lire.*
  Elles ne savent pas lire.

---

7. QU'EST-CE QU'ILS FONT? *(utilisez les verbes que vous connaissez)*

- *le lundi*
- *le dimanche*
- *en vacances*

Le lundi, ils vont à l'école. Ils travaillent…

---

8. QUEL ÂGE ONT-ILS?

| **NOM** : DUPRÉ
Prénom : Jacques
Date de naissance :
08/08/1950 | **NOM** : CHAUVEAU
Prénom : Anne-Lise
Date de naissance :
02/03/1980 | **NOM** : MARTINEAU
Prénom : Sylvie
Date de naissance :
31/01/1970 |

Il s'appelle Jacques Dupré. Il est né le 8 août 1950. Il a ....
Elle ....

9. PRÉSENTEZ-LES

| **Anne Laure,** 25 ans, brune, souriante infirmière, aime tennis et musique, cherche homme, 40 ans, blond, grand et gentil, pour mariage | **Stéphane,** 27 ans, pas très beau mais sympa, ingénieur, sportif, adore montagne et ski. Cherche j.f. intelligente pour mariage |

Elle s'appelle ..... *Elle est* ..... *Elle a* .....

Décrivez-vous. Présentez-vous dans un texte d'annonce

10. ÉCOUTEZ *et identifiez les personnages*

Pierre - Michel - Denis - Sophie - Anne - Thérèse

UNITE 1   BILAN

VOUS SAVEZ...

■ 1. ... SALUER. *Qu'est-ce qu'ils disent? Choisissez, pour chaque situation, l'une des trois expressions proposées*

9 h 15 • *Salut, Madame.*
       • *Bonjour, Madame.*
       • *Bonne nuit, Madame.*

22 h • *Ça va?*
     • *Salut!*
     • *Bonne nuit.*

20 h • *Bonjour.*
     • *Au revoir.*
     • *Bonsoir.*

10 h • *Bonjour, Monsieur.*
     • *Au revoir, Pierre.*
     • *Ça va, Pierre?*

23 h • *Salut!*
     • *Bonne nuit.*
     • *Ça va?*

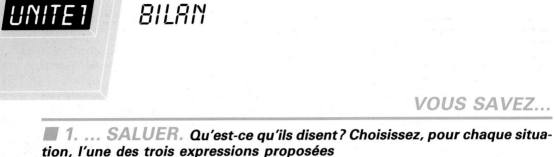

■ 2. ... IDENTIFIER LES PERSONNES ET LES CHOSES

Posez la question et répondez

Exemple : *Qui est-ce? — C'est Roland Brunot.*

■ 3. ... UTILISER LES ARTICLES

Complétez avec l'article qui convient

Il y a ... bon film au cinéma Rex. Vous venez?
— Non, je n'aime pas ... cinéma. Je préfère ... théâtre

Vous connaissez ... bonne secrétaire?
— Oui, ... secrétaire de M. Legrand. Elle est très intelligente.

Dans le Quartier latin il y a ... cinémas. Nicolas Legrand va voir ... film de Truffaut.

Je vais à ... Comédie-Française. On joue « ... Femmes savantes ».
C'est ... pièce de Molière.

■ 4. ... DIRE L'HEURE. *Racontez*

| 9 h ..... | 12 h 30 ..... | 17 h ..... | 17 h 15 ..... | 18 h 50 ..... |

■ 5. ... FAIRE DES PROJETS.

Qu'est-ce qu'ils veulent?
Qu'est-ce qu'ils disent?

■ 6. ... INVITER, ACCEPTER, REFUSER

André invite Anne et Michel. Anne accepte. Michel refuse
Écrivez le dialogue

UNITE 1   *BILAN*

VOUS SAVEZ...

■ 7. ... UTILISER LES PRÉPOSITIONS. **Complétez**

Le week-end, ils adorent aller ... campagne.
Est-ce que vous voulez venir ... théâtre?
Il est ... le médecin.
Elle habite ... France, ... Marseille.
L'appartement ... Nicolas est grand.
C'est le stylo ... médecin.
Lisez le journal ... étudiants!
La voiture ... chanteuse est très belle.
C'est le livre ... ami de Pierre.

■ 8. ... DIRE LES GOÛTS ET LES PRÉFÉRENCES

Dites leurs goûts et leurs préférences

télévision (+ + +)
cinéma (+)
opéra (– – –)

ski (+ +)
tennis (– –)
football (–)

musique classique (+ + +)
chanson (+)
jazz (– – –)
mer + +)

■ 9. ... RÉPONDRE. **Répondez**

a) *Est-ce que Roland Brunot habite boulevard Saint-Michel?* ....
b) *Est-ce que Nicolas Legrand n'a pas d'amis?* ....
c) *Est-ce que Nicolas Legrand a un concert le 14 juillet?* ....
d) *Est-ce que Roland aime beaucoup danser?* ....
e) *Est-ce qu'il y a des concerts de jazz à l'Opéra?* ....

■ 10. ... CONJUGUER. **Choisissez l'un des deux verbes et mettez-le à la forme qui convient**

savoir/connaître → *Nous ...... bien Nicolas Legrand.*
avoir/être → *Elles ...... vingt ans, aujourd'hui.*
entrer/sortir → *Le professeur ...... de la classe.*
commencer/finir → *Vous ...... de travailler à 6 heures.*
pouvoir/vouloir → *Je ...... aller au cinéma avec vous.*

■ 11. ... DÉCRIRE DES PERSONNES. *Relevez les erreurs*

La chanteuse est une grande femme, mince, blonde et souriante.
L'architecte est un homme jeune, aux cheveux bruns.
Le médecin est un vieux monsieur grand et gros.
La secrétaire est blonde, belle et sympathique.
L'écrivain est un homme petit, mince et triste.

■ 12. ... INTERROGER. *Interviewez Roland Brunot.*
Rédigez les questions. Jouez le dialogue

Nom et prénom - âge - nationalité -
adresse - profession - goûts et préférences -
activités de la semaine, du week-end -
activités de vacances - amis et connaissances

■ 13. ... DONNER DES ORDRES ET DES CONSEILS.
Ils donnent des ordres. Faites-les parler

• regarder la télévision
• aller au cinéma
• travailler

• rêver
• écouter
• écrire

■ *Situez sur le plan les lieux que vous connaissez et les lieux où se déroule l'histoire « Un printemps à Paris ».*

■ *Imaginez et jouez des scènes dans ces différents endroits :*
• *Au musée d'Orsay, vous donnez votre avis sur les œuvres exposées.*
• *Place de la Sorbonne, vous attendez un ami. Il arrive en retard...*
• *Place du Tertre, vous parlez avec un artiste.*
• *Jardin des Tuileries, vous faites une rencontre...*

Intérieur du musée d'Orsay.
La Seine devant le musée d'Orsay.
Place de la Sorbonne, dans le Quartier latin.
La place du Tertre, à Montmartre.
Le Jardin des Tuileries, l'arc du Carroussel et le Louvre.

UNITÉ 2
Aventure en Bourgogne

Grammaire

Articles partitifs - Adjectifs démonstratifs et possessifs - Prépositions et adverbes de quantité et de lieu - Pronoms toniques - Conjugaison de l'impératif - Verbes pronominaux.

Communication

Exprimer l'ordre et l'obligation - Demander et commander - Evaluer et apprécier - Féliciter et remercier.

Civilisation

Une région de France : la Bourgogne - Vie quotidienne à la campagne.

LEÇON 1 LA MAISON DE CAMPAGNE

Jeanne et Robert Martin habitent à Orly, entre l'autoroute et l'aéroport de Paris.

C'est le soir. Des voitures passent sur l'autoroute. Des avions passent au-dessus de l'immeuble de M. et Mme Martin. Le bruit est insupportable.

M. Martin : On ne peut pas rester ici ! Regarde le journal ! Il y a une maison à vendre à la campagne.

Mme Martin : Où ?

M. Martin : A Broussac. C'est en Bourgogne. Je connais un peu la région. Elle est très agréable.

Mme Martin : C'est près d'une ville ?

M. Martin : Non. Là-bas, il n'y a pas d'aéroport, pas d'autoroute, pas de bruit !

A VENDRE en Bourgogne : grande maison ancienne meublée. Grand parc. Beaux arbres. M. Lavigne. Broussac. Côte d'Or.

e terrain, centre de urface e 150 m². de rénova- isine et salle ains. Vendu F dans 01.

A LOUER à Dijon, Centre ville : appar- tement moderne, 2e étage, 2 500 F par mois. Agence IMOB

5 pieces. bres, séjour, salle manger, wc, d'eau, cui nier, ca 500 m², ca dure. 4.500 appeler le j qui transmettra

B

**M. et Mme Martin
visitent la maison avec
M. Lavigne, le propriétaire.**

*M. Lavigne : C'est ici!
A droite, il y a le parc.
À gauche, la rivière.*

*M. Martin : Cet endroit est
magnifique! Jeanne, regarde
ces arbres! Écoute ce
silence! Tu n'aimes pas?*

*Mme Martin : Si, mais cette
maison est un peu isolée.*

*M. Martin : Pas du tout!
Le village est à 2 kilomètres.*

*M. Lavigne : Et moi, j'habite à
côté; dans cette maison, au
bord de la rivière.*

*Mme Martin : Il y a un bâtiment,
derrière la maison.
Qu'est-ce que c'est?*

*M. Lavigne : C'est une vieille
grange.*

**M. et Mme Martin achètent
la maison.**

C

PARC

SALON

SALLE
DE
BAINS

CHAMBRE

CHAMBRE

ESCALIER

GRANGE
LAVIGNE

WC

CUISINE

SALLE
À
MANGER

CHAMBRE

CHAMBRE

WC

REZ-DE-CHAUSSÉE

1er ÉTAGE

RIVIÈRE

LEÇON 1   VOCABULAIRE ET GRAMMAIRE

■ LE LOGEMENT

■ Le lieu : le village
la ville
... au centre ville
... en ville.

■ Le bâtiment :
une maison
une villa
un immeuble
un appartement
un studio.

■ La maison

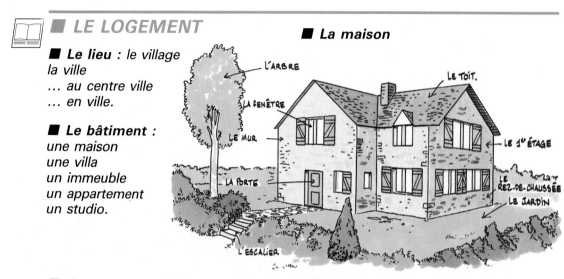

■ Comment est le logement ?

- grand/petit • ancien/moderne
- clair/sombre
- isolé/dans un village/dans le centre
- calme/bruyant
- agréable
- confortable
- pratique

■ vendre (un vendeur)

Vendre	
Je vends	
Tu vends	
Il/elle vend	une maison
Nous vendons	à M. Martin
Vous vendez	
Ils/elles vendent	

■ acheter (un acheteur)

Acheter	
J'achète	
Tu achètes	
Il/elle achète	une maison
Nous achetons	à M. Lavigne
Vous achetez	
Ils/elles achètent	

Les pièces de l'appartement	Les meubles et les objets
la cuisine	une table
la salle à manger	une chaise
	un fauteuil
le salon	un tapis
	une lampe
la chambre	un lit
	une armoire
la salle de bains	une baignoire
	une douche
	une glace
les toilettes (W.-C.)	
le couloir	
l'entrée	

■ louer (un propriétaire/un locataire)

Louer	Le propriétaire loue un appartement au locataire
Je loue	
Tu loues	
Il/elle loue	Le locataire loue
Nous louons	l'appartement 2 000 francs
Vous louez	par mois
Ils louent	

■ LOCALISER

■ *Où est l'arbre? – Il est **devant** la maison.*

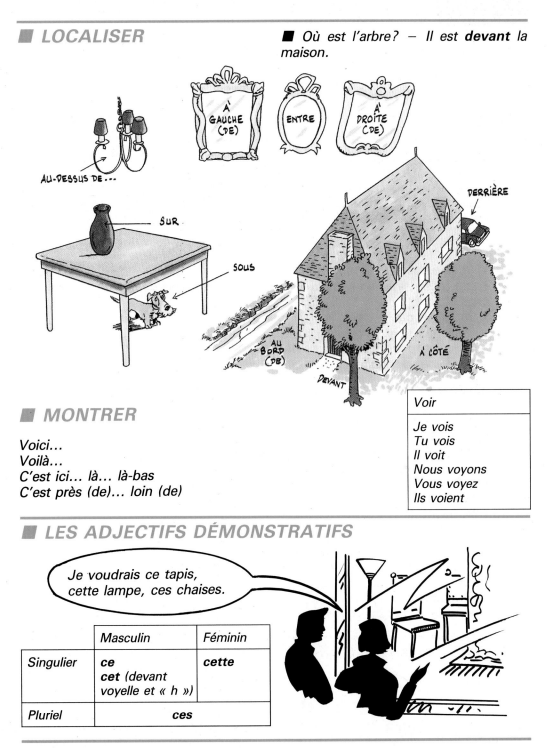

Voir
Je vois
Tu vois
Il voit
Nous voyons
Vous voyez
Ils voient

■ MONTRER

Voici...
Voilà...
C'est ici... là... là-bas
C'est près (de)... loin (de)

■ LES ADJECTIFS DÉMONSTRATIFS

Je voudrais ce tapis, cette lampe, ces chaises.

	Masculin	Féminin
Singulier	**ce** **cet** *(devant voyelle et « h »)*	**cette**
Pluriel	**ces**	

■ PREMIER... DERNIER

1er. premier – **2e.** deuxième *(second)* – **3e.** troisième – **4e.** quatrième - **5e.** cinquième – ... – **88e.** quatre-vingt-huitième – **100e.** centième – .... – .... – dernier.

 # LEÇON 1 ACTIVITÉS

PHONÉTIQUE	MÉCANISMES
[œ] - [ø] *Je veux arriver à l'heure.* *Il ne peut pas porter ce meuble.* *Les deux jeunes veulent déjeuner.*	• *Il y a du bruit à Broussac?* *Non, il n'y a pas de bruit.* • *Il y a un aéroport à Broussac?* *Non, il n'y a pas d'aéroport.*

1. COMPLÉTEZ *avec vendre – acheter – louer, à la forme qui convient*

• *Je veux faire de la musique. Je vais ..... une guitare.*

• *Le propriétaire de l'immeuble ... l'appartement du deuxième étage, 2 000 F par mois.*

• *Où est-ce que je peux acheter des disques d'Édith Piaf?*
  – Allez chez Sonodor, ils ..... des disques anciens.

• *En juillet, pour les vacances nous .... une villa à Beaulieu.*

• *Nous voulons habiter dans le centre ville. Est-ce qu'il y a des appartements à ......?*

2. RÉPONDEZ

Est-ce qu'il y a un aéroport à Broussac?
Est-ce qu'il y a un aéroport près de chez vous?
Est-ce qu'il y a du bruit dans l'appartement de M. Martin?
Est-ce qu'il y a du bruit chez vous?
Est-ce qu'il y a une autoroute près d'Orly?
Est-ce qu'il y a une autoroute près de chez vous?

3. CONTINUEZ SELON LE MODÈLE

• **Février est le deuxième mois de l'année**
  Août est ....
  Décembre ....
  Mars ....

• Lundi ....
  Mercredi ....
  Dimanche ....
  Vendredi ....

4. PRÉSENTEZ CES ANNONCES. *Vous êtes employé à l'agence*

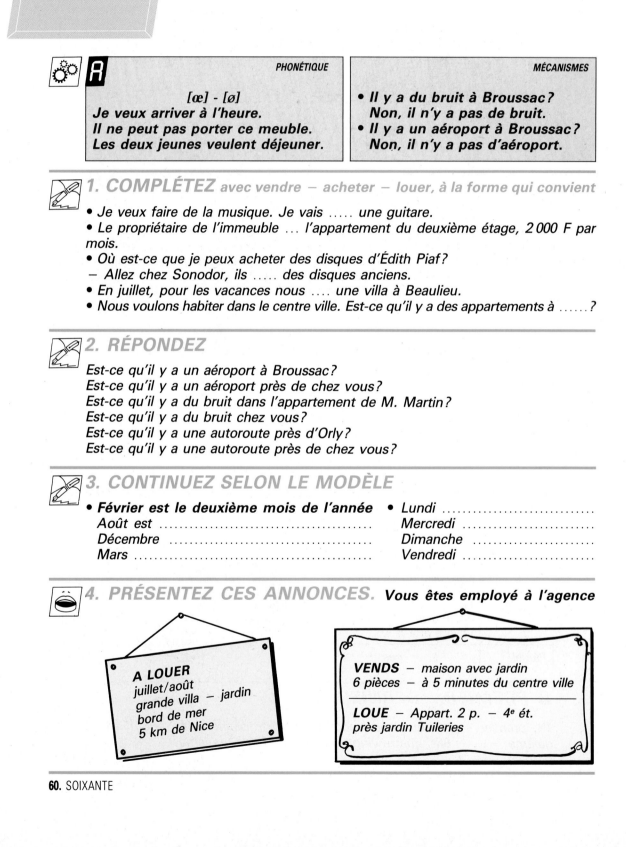

A LOUER
juillet/août
grande villa – jardin
bord de mer
5 km de Nice

VENDS – maison avec jardin
6 pièces – à 5 minutes du centre ville

LOUE – Appart. 2 p. – 4e ét.
près jardin Tuileries

✎ 5. RÉDIGEZ DES ANNONCES d'après ce que disent les propriétaires

> Je voudrais vendre une maison.
> Elle est dans le centre de la ville.
> Il y a deux étages, 5 pièces
> et un petit jardin devant.
> C'est une maison de 1900.

> J'ai un petit appartement
> de 2 pièces à louer.
> Il est dans un immeuble moderne,
> au 8e étage, à côté de la place Monge.

PHONÉTIQUE	MÉCANISMES

[ẽ] - [ɛ] - [ã]
Il veut acheter l'appartement demain?
M. Martin est un homme
sympathique et intéressant.
C'est un grand médecin américain?
	• **Annie est à côté de Nicolas.**
	  Annie est ....
	• **Pierre habite à côté du cinéma.**
	  Pierre habite ....

✎ 6. COMPLÉTEZ AVEC CE, CET, CETTE, CES

- N'allez pas voir ..... pièce de théâtre! Les acteurs ne sont pas bons.
- J'ai un ami aux U.S.A. .... ami habite New York.
- Qui est ..... garçon?
  – C'est un voisin. Il habite dans ...... immeuble, à côté de ..... café.
- Je n'aime pas ...... livres. Ils sont ennuyeux.
- Oh! ..... enfants sont insupportables!

7. OÙ HABITER EN FRANCE? Choisissez votre logement

Je voudrais habiter à/en .... dans cette maison, au .... étage. C'est ancien/moderne
..... calme ..... isolé .... .

une ferme en Beauce

la place de la Libération à Dijon

les tours
de la Défense à Paris

LEÇON 1   ACTIVITÉS

8. CONTINUEZ LE TEXTE. La chambre du savant Hypoténus.

« Il y a des livres sur la table
sous ......
.... »

9. DÉCRIVEZ ce que Marie voit de sa fenêtre

« Devant l'immeuble de Marie il y a une place ... A gauche ... . »

Décrivez ce que vous voyez de votre fenêtre.

PHONÉTIQUE	MÉCANISMES
[ɥi] *Je suis dans la cuisine.* *La nuit, il y a du bruit dans la rue.* *Il est huit heures.*	• *J'habite à côté du cinéma...* *Regardez ce cinéma, j'habite à côté.* • *La maison est à gauche du jardin...* *Regardez ce jardin, ...*

10. *PIERRE ET NICOLE ACHÈTENT UNE MAISON.* Ils la décrivent à des amis. Faites le plan de la maison

Nous allons acheter une maison de campagne à 100 km de Paris. C'est une maison d'un étage. Au rez-de-chaussée, on entre dans un couloir. A droite, il y a la cuisine et à gauche un grand salon très clair, avec quatre fenêtres. A droite, après la cuisine, il y a une arrière cuisine, une petite salle de bains et les toilettes. Au premier étage, il y a une grande chambre et deux petites. Entre les deux petites chambres, il y a une salle de bains. Derrière la maison, il y a un garage et devant, un petit jardin.

11. *ÉCOUTEZ.* Décrivez le logement de chaque personnage

Type de logement (maison/villa...)
Situation (ville/campagne...)
Nombre de pièces
Type de pièces (cuisine/salle à manger...)
Défauts et qualités du logement

12. *OÙ PRÉFÉREZ-VOUS HABITER?* Décrivez ces appartements. Quels sont leurs défauts, leurs qualités?

LEÇON 2

REPAS À BROUSSAC

LUNDI - 9 H.

M. et Mme Martin arrivent à Broussac.

LUNDI - MIDI

M. et Mme Martin déjeunent au petit restaurant du village.

Le garçon : Voici le menu. Le plat du jour, c'est du lapin à la moutarde.

M. Martin : Alors, je prends un lapin à la moutarde. Et toi?

Mme Martin : Je n'aime pas beaucoup le lapin. Je voudrais une omelette aux champignons, s'il vous plaît.

Le garçon : Comme entrée, qu'est-ce que vous choisissez? Le pâté de canard est excellent…!

Mme Martin : Non, je préfère une salade verte.

M. Martin : Et moi, une salade de tomates.

Le garçon : Vous buvez du vin?

M. Martin : Non, de l'eau. Une carafe, s'il vous plaît!

Menu

au choix ⎰ salade verte
⎱ salade de tomates
pâté de canard

au choix ⎰ omelette aux champignons
⎱ steak-frites
poulet au riz
plat du jour

au choix ⎰ fromage
⎱ glace
fruit
gâteaux

B

LUNDI - 14 H.

Dans un magasin du village. Mme Martin achète un vieux chaudron. M. Martin achète une serpe pour nettoyer le jardin.

LUNDI - 16 H.

M. Martin travaille dans le jardin. Mme Martin nettoie le vieux chaudron. Mme Lavigne arrive.

Mme Lavigne : Vous venez dîner avec nous ce soir ?

Mme Martin : Je veux bien. Mais nous sommes au régime.

Mme Lavigne : Moi aussi. Je fais un petit repas très simple…

Mme Martin : Vous savez, nous ne mangeons pas beaucoup. Nous ne buvons pas de vin…

Mme Lavigne : Moi non plus. S'il vous plaît, venez goûter la cuisine de la région !

C

LUNDI - 21 H.

Le « petit repas très simple » chez M. et Mme Lavigne.

M. Lavigne : M. Martin, prenez encore quelques escargots !

M. Martin : Non merci. Ils sont très bons. Mais quel repas ! Des charcuteries, du bœuf bourguignon, des escargots !

M. Lavigne : Alors, ne refusez pas un peu de fromage !

M. Martin : D'accord, mais un petit morceau.

Mme Martin : Robert, tu es au régime !

M. Martin : C'est du fromage de chèvre. J'adore ça !

LEÇON 2   VOCABULAIRE ET GRAMMAIRE

S'il vous plaît! Monsieur!

■ LES REPAS

■ Les repas de la journée

8 00 – *le petit déjeuner*
(prendre le petit déjeuner)
13 00 – *le déjeuner (déjeuner)*
20 00 – *le dîner (dîner)*

Vous avez faim?
Vous avez soif?

■ Choisissez!
• **la viande** : *le bœuf – le veau – l'agneau – le poulet – le canard – le lapin.*
• **les légumes** : *les carottes (f) – les tomates (f) – les haricots (m) – les champignons (m) – les petits pois (m) – les pommes de terre (f) – le riz.*
• **le poisson**
• **les œufs** : *(un œuf) – une omelette*
• **le dessert** : *le fromage – le gâteau – la glace – les fruits (une orange – une banane...)*
• **la soupe** *(de légumes/de poisson)*
• **le potage**
• **le pain**

■ Goûtez!
C'est délicieux !
C'est excellent !
C'est très bon !
C'est bon !
Ce n'est pas bon !
C'est mauvais !
C'est très mauvais !

■ Au restaurant
1. *Appeler le garçon/la serveuse.*
2. *Demander*
le menu/la carte/le plat du jour.

Choisir	
Je choisis	une entrée
Tu choisis	un plat
Il/elle choisit	un dessert
Nous choisissons	
Vous choisissez	
Ils choisissent	

3. *Commander le repas*

Prendre	
Je prends	une salade
Tu prends	une carafe d'eau
Il/elle prend	
Nous prenons	de la salade
Vous prenez	de l'eau
Ils/elles prennent	

4. *Manger – boire*

Boire	
Je bois	du café
Tu bois	du thé
Il/elle boit	de l'eau
Nous buvons	du jus de fruit
Vous buvez	du vin
Ils/elles boivent	de la bière

5. *Demander l'addition*

■ EXPRIMER LA QUANTITÉ

1. Les articles partitifs : du - de la - de l' - des

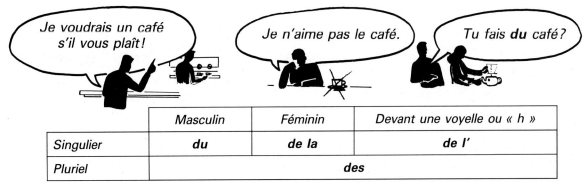

	Masculin	Féminin	Devant une voyelle ou « h »
Singulier	**du**	**de la**	**de l'**
Pluriel	**des**		

Attention !

du café → je **ne** bois **pas de** café   de la soupe → il **ne** mange **pas de** soupe

des champignons → nous **ne** prenons **pas de** champignons

2. Un peu de/ quelques/beaucoup de + nom

De l'eau – du café – du bœuf	des verres d'eau – des tasses de café – des morceaux de bœuf
Un peu de...	**Quelques ...**
Beaucoup de...	

■ LE PRONOM APRÈS LES PRÉPOSITIONS

	Je	Tu	Il	Elle	Nous	Vous	Ils	Elles
avec - sans - pour - devant - derrière - chez, etc.	**moi**	**toi**	**lui**	**elle**	**nous**	**vous**	**eux**	**elles**

M. et Mme Martin dînent avec M. et Mme Lavigne? – Oui, ils mangent avec **eux.**

■ MOI... AUSSI – MOI... NON PLUS

■ LE TEMPS

	le matin	l'après-midi	le soir	la nuit
Aujourd'hui	ce matin	cet après-midi	ce soir	cette nuit

LEÇON 2 | ACTIVITÉS

A   PHONÉTIQUE

[ʃ] - [ʒ]
Il a quel âge? Il est riche?
Jean va chez Jacques.
Vous cherchez le jardin des Tuileries.

MÉCANISMES

• **Il aime le poulet…**
 Il mange du poulet.
• **Elle aime la bière…**
 Elle boit de la bière.

---

1. QU'EST-CE QU'IL Y A SUR LA TABLE ?

Qu'est-ce que vous aimez ?

2. COMPLÉTEZ AVEC L'ARTICLE QUI CONVIENT

• *Au menu, comme viandes, il y a … bœuf aux carottes ou … poulet au riz.*
– *Je n'aime pas beaucoup … poulet. Je voudrais … bœuf aux carottes.*
• *Tu veux boire … bière?*
– *Non, merci, je préfère … jus d'orange.*
• *S'il vous plaît Monsieur! … bière et … café!*
• *Qu'est-ce qu'il y a pour le dîner?*
– *… salade de pommes de terre, … lapin et … fruits.*

3. FAITES VOTRE MENU *du petit déjeuner, du déjeuner et du dîner*

Pour le petit déjeuner je voudrais ....
Pour le déjeuner ....
Pour le dîner ....

4. JOUEZ LA SCÈNE. **Choisissez les plats – Commandez – Goûtez et appréciez – Demandez l'addition…**

Menu

Au choix { *charcuterie*
carottes râpées
salade de pommes de terre

Au choix { *poulet-frites*
mouton au riz
lapin à la moutarde
veau aux petits pois

Au choix { *fromages*
glaces
gâteau au chocolat
salade de fruits

Boissons { *vin rouge/blanc/rosé*
bière
eau minérale

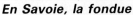

5. DEVINEZ LA COMPOSITION DE CES PLATS

Voici quelques spécialités des régions de France
Dans le cassoulet, il y a des haricots blancs...

charcuterie - bœuf - poisson - escargots - pommes de terre - choux - carottes - haricots blancs - pain - beurre - ail - persil - fromage - vin blanc - vin rouge.

En Savoie, la fondue

En Alsace, la choucroute

À Marseille, la bouillabaisse

En Bourgogne, les escargots

En Normandie, les tripes

À Toulouse, le cassoulet

ACTIVITÉS

B   PHONÉTIQUE

[wa]

C'est pour toi ou pour moi ?
Vouloir c'est pouvoir.
Ils sont trois avec moi.

MÉCANISMES

- *Il prend du vin ?*
  Non, il ne prend pas de vin.
- *Vous voulez des pommes de terre ?*
  Non, je ne veux pas de pommes de terre.

---

6. ÉCOUTEZ. Ils commandent un repas. Qu'est-ce qu'ils prennent ?

M. Durand   choisit un pâté de campagne...
Mme Durand   ...
Patrick Durand ...

---

7. COMPLÉTEZ AVEC LES PRONOMS MOI, TOI, etc.

Je vais au musée. Tu viens avec ... ?
Nicole n'aime pas ce film. Je suis d'accord avec ...
M. Durand arrive au bureau à 8 h. La secrétaire arrive après ...
Nous arrivons bientôt. Ne partez pas sans ...
Vous êtes sur la place de la Concorde. Devant ... il y a les Champs-Élysées, derrière
... il y a le jardin des Tuileries.
Ce soir, des amis viennent dîner chez ... . Je fais ce gâteau pour ... .

---

8. RÉPONDEZ SELON VOS GOÛTS : Moi aussi – Moi non plus – Moi non – Moi si

Il aime le vin de Bordeaux. Et vous ? .   *Elle fait du tennis ....*
Elle n'aime pas les escargots ....   *Il ne va pas beaucoup au cinéma .....*
Elle est au régime ....   *Il adore la musique classique ....*
Il ne fait pas de sport ....   *Elle n'habite pas en France ....*

---

9. JOUEZ LES SCÈNES. Ils s'invitent à...

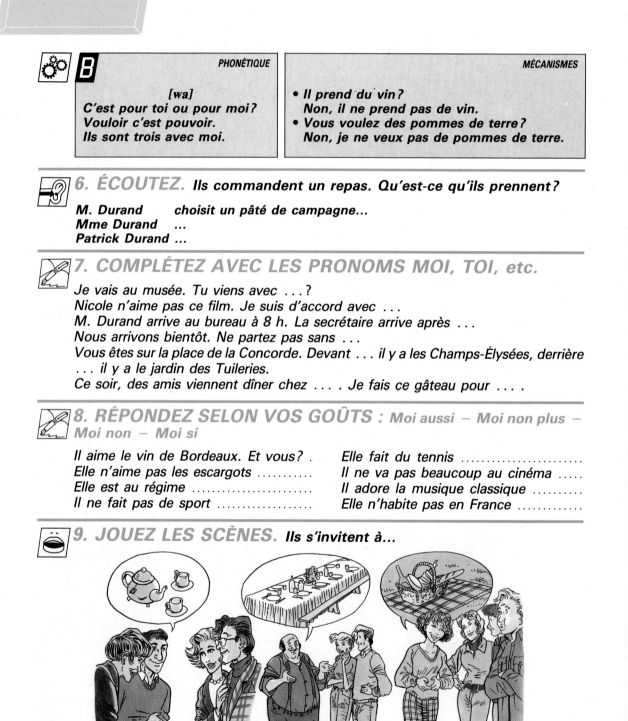

[ŋ]

Il y a des champignons dans le bœuf bourguignon ?
Qu'est-ce que vous préférez, la montagne ou la campagne ?

- *Elle aime beaucoup le café...*
  Elle prend beaucoup de café.
- *Elle n'aime pas beaucoup les escargots...*
  Elle prend quelques escargots.

10. QU'EST-CE QU'ON MANGE dans les pays du monde ? Qu'est-ce qu'on boit ? Discutez

France - Allemagne - Angleterre - Chine - Espagne - Grèce - Italie - Maroc, etc.	riz - pain - spaghetti steak - charcuterie vin - bière - thé - café - olives, etc.

« En France on mange beaucoup de pain. On ne boit pas beaucoup de thé... »

11. COMPLÉTEZ AVEC : un peu de – quelques – beaucoup de

Je suis au régime je vais prendre ...... poulet et ...... champignons.
A Orly, dans l'immeuble de M. et Mme Martin il y a ...... bruit.
Je prends le thé avec ...... lait.
Il ne connaît pas beaucoup de chansons. Mais il connaît ...... chansons françaises.

12. JOUEZ LES SCÈNES ou écrivez les dialogues

Ils ont faim...   **Ils ont soif...**

BRUITS ET DISPARITIONS

La fin du repas.
Mme Martin et Mme Lavigne bavardent.

Mme Lavigne : Alors, vous êtes contente d'habiter à Broussac?

Mme Martin : Oh oui! Nous sommes à la retraite et nous cherchons le calme. Le matin on se lève tard, l'après-midi on se repose et le soir on se couche tôt.

M. Martin et M. Lavigne bavardent.

M. Martin : Broussac est un village tranquille, n'est-ce pas?

M. Lavigne : Oh, vous savez, la campagne change...
Il se passe des choses bizarres ici. Tenez! Regardez le journal...

LE JOURNAL DE DIJON

BROUSSAC
QUATRE CAMBRIOLAGES DANS LA RÉGION
La police recherche les voleurs

DISPUTE DANS UN CAFÉ
UN HOMME A L'HOPITAL

**M. et Mme Martin
se couchent tard,
très fatigués.
Ils dorment mal.
Ils entendent des bruits
bizarres.**

*Mme Martin : Écoute!
Tu entends?*

*M. Martin : Non, je n'entends
rien. Tu entends quelque
chose, toi?*

*Mme Martin : Oui!
On entend des bruits.
Il y a quelqu'un en bas.*

*M. Martin : Reste ici.
Je descends.*

*Mme Martin : Robert, j'ai peur!
C'est peut-être un voleur.*

....

*M. Martin : Il n'y a personne.
C'est sans doute le vent.*

BANG!!

**M. et Mme Martin sortent
dans le jardin.**

*M. Martin : Jeanne!
Je ne trouve pas ma serpe!*

*Mme Martin : Cherche sous les
arbres, dans ta boîte
à outils...*

*M. Martin : C'est bizarre. Mes
autres outils sont là. Ma
montre et mes clés de
voiture sont sur la table...*

*Mme Martin : Mon Dieu! Et
mon chaudron? Où est mon
beau chaudron?*

 **LEÇON 3** *VOCABULAIRE ET GRAMMAIRE*

■ LES ACTIVITÉS DE LA JOURNÉE

se réveiller → se lever → se laver → s'habiller → prendre le petit déjeuner →

dormir

partir travailler

↓

déjeuner

se coucher ← se reposer ← dîner ← se promener / aller au cinéma ← travailler ←

avoir sommeil
se coucher
se réveiller
se lever
} tôt/tard

Dormir
Je dors
Il dort
Nous dormons
Ils dorment

■ LES VERBES PRONOMINAUX

2. La négation
Il **ne** se réveille **pas** à 8 h.

1. La conjugaison

Se lever	S'habiller
Je me lève	Je m'habille
Tu te lèves	Tu t'habilles
Il/elle/on se lève	Il/elle/on s'habille
Nous nous levons	Nous nous habillons
Vous vous levez	Vous vous habillez
Ils/elles se lèvent	Ils/elles s'habillent

3. L'interrogation
Il **se** réveille à 8 h?
Est-ce qu'il **se** réveille à 8 h?

4. Constructions avec l'infinitif
Il aime **se** réveiller à 10 h.
Je voudrais **me** réveiller à 7 h.
Elle n'aime pas se réveiller tôt.

■ PERSONNE – RIEN

Quelqu'un	Ne... personne
Quelque chose	Ne... rien

Il y a quelqu'un?

Tu entends quelque chose?

Non, je n'entends rien.

Alors, il n'y a personne.

• Vous voulez voir **quelqu'un?**
– Non, je **ne** veux voir **personne.**
• Vous voulez boire **quelque chose?**
– Non, je **ne** veux **rien** boire.

■ LES FAITS DIVERS

Qu'est-ce qui se passe?

Un vol
Un cambriolage } *voler (un voleur)*

Un assassinat } *tuer* *(un assassin)*
Un meurtre } *(un meurtrier)*

Perdre	quelque chose
	une clé
Je perds	un portefeuille
Il perd	une montre
Nous perdons	un sac
Ils perdent	quelqu'un

↓

chercher – rechercher
(il cherche son portefeuille)
(la police recherche les voleurs)

↓

trouver

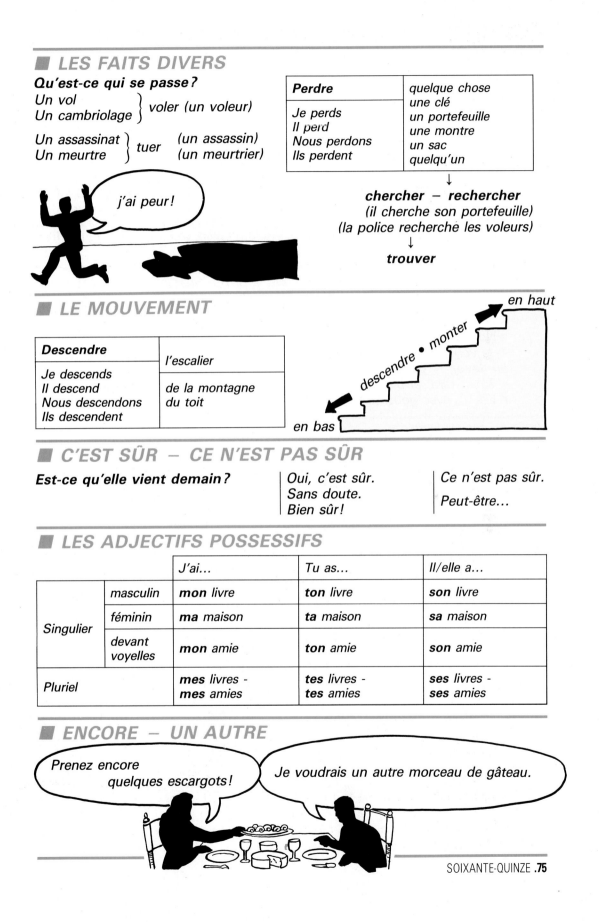

j'ai peur!

■ LE MOUVEMENT

Descendre	l'escalier
Je descends	
Il descend	de la montagne
Nous descendons	du toit
Ils descendent	

en haut

descendre • monter

en bas

■ C'EST SÛR – CE N'EST PAS SÛR

Est-ce qu'elle vient demain?

Oui, c'est sûr.
Sans doute.
Bien sûr!

Ce n'est pas sûr.

Peut-être...

■ LES ADJECTIFS POSSESSIFS

		J'ai...	Tu as...	Il/elle a...
Singulier	masculin	**mon** livre	**ton** livre	**son** livre
	féminin	**ma** maison	**ta** maison	**sa** maison
	devant voyelles	**mon** amie	**ton** amie	**son** amie
Pluriel		**mes** livres - **mes** amies	**tes** livres - **tes** amies	**ses** livres - **ses** amies

■ ENCORE – UN AUTRE

Prenez encore quelques escargots!

Je voudrais un autre morceau de gâteau.

 **ACTIVITÉS**

A

PHONÉTIQUE

[ə] - [e]

Elle demande un médecin.
Le samedi matin, je ne me lève pas très tôt.
Il a un appartement, avenue Foch.

MÉCANISMES

• *Est-ce que tu te lèves à 8 heures?*
  Oui, je me lève à 8 heures.
• *Est-ce que tu te lèves à 10 heures?*
  Non, je ne me lève pas à 10 heures.

1. METTEZ LES VERBES *entre parenthèses à la forme qui convient*

• *M. et Mme Martin … beaucoup. Ils … à 9 h du soir et … à 9 h du matin.*
(dormir – se coucher – se lever)
• *Nous … tôt. Nous … en voyage.* **(partir – se réveiller)**
• *Je voudrais … tôt le matin pour travailler. Mais je ne … pas me réveiller.*
(se lever – pouvoir)
• *Tu … tard, et bien sûr, le matin tu … sommeil.* **(se coucher, avoir)**
• *Elle … avec goût.* **(s'habiller)**

2. RÉPONDEZ

Est-ce que M. et Mme Martin se lèvent à 6 heures du matin? Non …
Est-ce que M. Lavigne se lève tard? Non …
Est-ce que Valérie Florentini s'habille mal? …
Est-ce que vous vous réveillez tôt le dimanche? …
Est-ce que vous vous couchez tard le samedi soir? …

3. VOICI L'EMPLOI DU TEMPS *de M. Lemercier, ingénieur*

__7 h__ : réveil – douche. __7 h 30__ : petit déjeuner. __8 h__ : départ pour le bureau. __8 h 30__ : arrivée au bureau. __De 8h 30 à 12 h__ : travail. __12 h 30__ : déjeuner dans un petit restaurant. __De 14 h à 17 h 30__ : travail – promenade au jardin des Tuileries – retour à la maison. __20 h__ : dîner – télévision. __22 h__ : coucher.
Racontez la journée de M. Lemercier : « Il se réveille à … .»

4. RACONTEZ LEUR JOURNÉE

Interrogez votre voisin(e) : « A quelle heure vous vous réveillez … en semaine? le dimanche? en vacances? »

5. QU'EST-CE QU'IL Y A dans le journal d'aujourd'hui ? Qu'est-ce qui se passe dans le monde ?

VISITE DU PRÉSIDENT EN AFRIQUE

Grand concert rock demain au Zénith avec « Les Dingues »

La police recherche les cambrioleurs de la bijouterie Delord

Une nouvelle voiture de sport La Super 22

6. IMAGINEZ LES TITRES d'un journal de l'an 2050

LE TEMPS 9 AOÛT 2050

LE PREMIER HÔTEL SUR LA LUNE.

7. REGARDEZ CES SCÈNES. Que se passe-t-il ?

LEÇON 3 — ACTIVITÉS

B — PHONÉTIQUE

[j]
C'est un vieux monsieur ennuyeux.
Il n'y a pas de bière.
J'aime bien les appartements anciens.

MÉCANISMES

• *Vous voyez quelqu'un ?*
Non, je ne vois personne.
• *Il entend quelque chose ?*
Non, il n'entend rien.

---

8. COMPLÉTEZ AVEC LA QUESTION OU LA RÉPONSE

• *Elle connaît quelqu'un à Paris ?*   – Non, ...

• ....? – Non, merci, je ne bois rien.

• *On achète quelque chose pour Valérie ?*   – Non, ...

• ....? – Oui, il y a Jacques.

• *Vous voulez parler à quelqu'un ?*   – ....

• ....? – Non, je ne veux rien manger.

• *Vous voyez quelque chose ?*   – Non, ...

• .... – Non, je n'attends personne.

---

9. ILS ONT PEUR, FAITES-LES PARLER

« *J'entends du bruit* ....   « *Regarde ? Il y a quelqu'un* ....
Il y a quelque chose ....   ` ....

PHONÉTIQUE	MÉCANISMES

[s] - [z]
Dans cette maison, il se passe des choses bizarres.
Je choisis une salade.
Ils sont fatigués. Ils ont soif.
	• **C'est la voiture de M. Martin ?**
	  Oui, c'est sa voiture.
	• **C'est ta voiture ?**
	  Oui, c'est ma voiture.

10. TRANSFORMEZ SELON LE MODÈLE

C'est la montre de Paul ? → Oui, c'est sa montre.

Ce sont les outils de Paul ? ....   C'est la maison de M. Martin ? ....
C'est l'amie de Valérie ? ....   Ce sont tes disques ? ....
Ce sont les cigarettes de Jacques ? ....   C'est ta voisine ? ....
C'est ton dictionnaire ? ....   C'est ton adresse ? ....

11. FAITES-LES PARLER

Elle range la maison. Elle demande :   **Ils répondent :**
« C'est ton ...? »   « Oui, c'est ... Non, ce n'est pas mon ... »

12. ÉCOUTEZ. Les enfants de Mme Rémi cherchent leurs affaires. Qu'est-ce qu'ils cherchent ? Où sont leurs affaires ?

Paul cherche	C'est dans quelle pièce ?	Où exactement ?
Marie	....	....
André	....	....
Nicole	....	....

 **DÉGUISEMENTS**

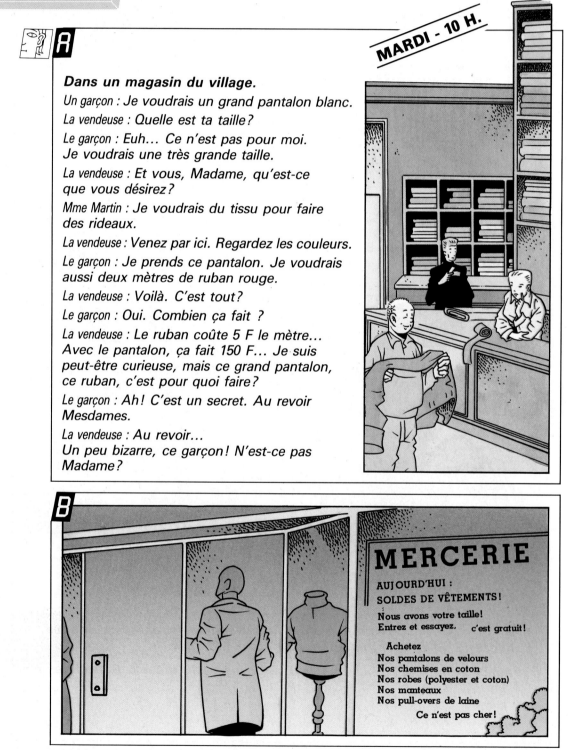

MARDI - 10 H.

A

Dans un magasin du village.

Un garçon : Je voudrais un grand pantalon blanc.

La vendeuse : Quelle est ta taille?

Le garçon : Euh... Ce n'est pas pour moi.
Je voudrais une très grande taille.

La vendeuse : Et vous, Madame, qu'est-ce
que vous désirez?

Mme Martin : Je voudrais du tissu pour faire
des rideaux.

La vendeuse : Venez par ici. Regardez les couleurs.

Le garçon : Je prends ce pantalon. Je voudrais
aussi deux mètres de ruban rouge.

La vendeuse : Voilà. C'est tout?

Le garçon : Oui. Combien ça fait ?

La vendeuse : Le ruban coûte 5 F le mètre...
Avec le pantalon, ça fait 150 F... Je suis
peut-être curieuse, mais ce grand pantalon,
ce ruban, c'est pour quoi faire?

Le garçon : Ah! C'est un secret. Au revoir
Mesdames.

La vendeuse : Au revoir...
Un peu bizarre, ce garçon! N'est-ce pas
Madame?

B

MERCERIE

AUJOURD'HUI :
SOLDES DE VÊTEMENTS!

Nous avons votre taille!
Entrez et essayez.   c'est gratuit!

  Achetez
Nos pantalons de velours
Nos chemises en coton
Nos robes (polyester et coton)
Nos manteaux
Nos pull-overs de laine

      Ce n'est pas cher!

M. Martin est dans son jardin.
Il entend encore les bruits étran-
ges. Ces bruits viennent
de la grange de M. Lavigne.
M. Martin est curieux. Il regarde
par la fenêtre de la grange.
Des jeunes gens mettent des
vêtements bizarres.

Paul : A qui est cette ceinture?

Jean-Pierre : Elle est à moi.

Paul : Et ce pantalon, il est aussi à toi?

Jean-Pierre : Non, il n'est pas à moi.
C'est le pantalon de François.

Marie : Chut! Ne faites pas de bruit!
Il y a des gens dans la maison à
côté.

M. Martin entre dans la grange... Il découvre les personnages
des histoires d'Astérix le Gaulois: le petit Astérix, le gros Obélix,
le grand prêtre Panoramix avec sa serpe et son chaudron.
Voilà l'explication des bruits
et des disparitions.

VOCABULAIRE ET GRAMMAIRE

■ LES VÊTEMENTS

UN CHAPEAU

UNE CHEMISE

UNE CRAVATE

UNE VESTE

UNE CEINTURE

UN PANTALON

UNE CHAUSSETTE

UNE CHAUSSURE

UN CHEMISIER

UNE ÉCHARPE

UN MANTEAU

UN PULL-OVER

UNE JUPE

UNE BOTTE.

un costume – une robe –
un blouson
à la mode / classique
long (longue) / court (courte)
large / étroit (étroite)
neuf (neuve) vieux (vieille)

■ Dans un magasin de vêtements

Choisir
Dire la taille, la pointure (chaussures)
Essayer un vêtement :
« Il va bien…
Il ne va pas bien… »
Mettre / porter un vêtement

mettre	un costume
je mets	
tu mets	
il met	les vêtements
nous mettons	dans l'armoire
vous mettez	
ils mettent	

essayer	un vêtement
J'essaie	
Tu essaies	
Il/elle essaie	
Nous essayons	de parler français
Vous essayez	
Ils/elles essaient	

■ LES MATÉRIAUX

un blouson de cuir – un blouson en cuir
le cuir – la laine – le coton – le velours

une table en bois – une table de bois
le bois – le verre – le fer – le plastique
la pierre – l'or – l'argent

■ LES COULEURS

blanc → blanche
gris → grise

bleu → bleue
noir → noire

rouge → rouge
jaune → jaune

vert → verte
marron → marron

■ LE POIDS ET LES MESURES

■ **peser...** un kilo (kg)
        un gramme (g)
Je pèse 60 kg.
Le morceau de viande pèse 500 g.
Le morceau de viande fait 500 g.
Le marchand pèse le morceau de viande.

Combien il pèse?

■ **mesurer...**   un mètre
            un centimètre
Je mesure 1 m 80.
La pièce mesure 4 m sur 3 m.
La pièce fait 4 m sur 3 m.
M. Martin mesure le salon.

Combien il mesure?

■ LE PRIX

■ **L'argent**
les billets
un billet de 500 francs
un billet de 100 F, 50 F

les pièces (la monnaie)
une pièce de 10 F, 5 F
une pièce de 50 centimes, 20 c

■ **L'euro**
la monnaie unique
européenne

Combien coûte ce pantalon?
Il coûte 150 F
Il fait 150 F

payer	
Je paie	en liquide
Tu paies	par chèque
Il paie	avec une carte de crédit
Nous payons	
Vous payez	
Ils paient	

• *c'est cher – pas cher – bon marché – gratuit*
• *les soldes*

■ LES ADJECTIFS POSSESSIFS (suite de la p. 75)

		Nous avons...	Vous avez...	Ils/elles ont...
Singulier	masculin et féminin	**notre** livre **notre** amie	**votre** livre **votre** amie	**leur** livre **leur** amie
Pluriel	masculin et féminin	**nos** livres **nos** amies	**vos** livres **vos** amies	**leurs** livres **leurs** amies

■ L'EXPRESSION DE LA POSSESSION

1. **L'adjectif possessif** : *C'est mon livre.*
2. **Être à + nom** ou **pronom** (voir pronoms p. 67) : *Ce livre est à moi.*
   A qui est cette veste? – Elle est à Pierre. Elle est à lui.

■ TOUT

1. **Adjectif**
   tout – *Il mange tout le gâteau.*
   toute – *Toute la maison est belle.*
   tous – *Tous mes amis sont chez moi, ce soir.*
   toutes – *J'aime toutes les couleurs.*

2. **Pronom**
   tout – *Il mange tout.*
   tous – *Ils partent tous.*
   ...

LEÇON 4   ACTIVITÉS

A

PHONÉTIQUE

[p] - [b]
Tu mets ton pull et ta jupe?
Il porte un blouson blanc.
Mon chapeau est là-bas, sur la table.

MÉCANISMES

- *Je voudrais du bœuf. C'est combien le kilo?*
- *Je voudrais du ruban. C'est combien le mètre?*

1. IDENTIFIEZ CES DRAPEAUX

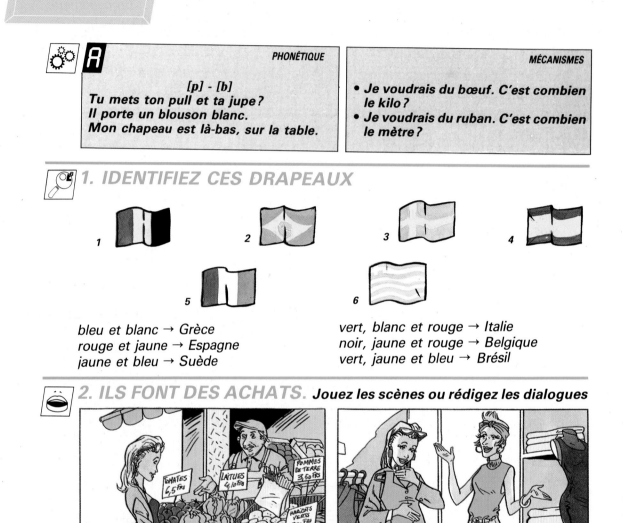

bleu et blanc → Grèce
rouge et jaune → Espagne
jaune et bleu → Suède

vert, blanc et rouge → Italie
noir, jaune et rouge → Belgique
vert, jaune et bleu → Brésil

2. ILS FONT DES ACHATS. *Jouez les scènes ou rédigez les dialogues*

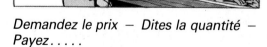

Demandez le prix — Dites la quantité — Payez.....

Demandez / Donnez la taille — Choisissez le vêtement, sa couleur — Demandez le prix — Essayez le vêtement.

3. C'EST POUR QUOI FAIRE? *Posez des questions... Répondez*

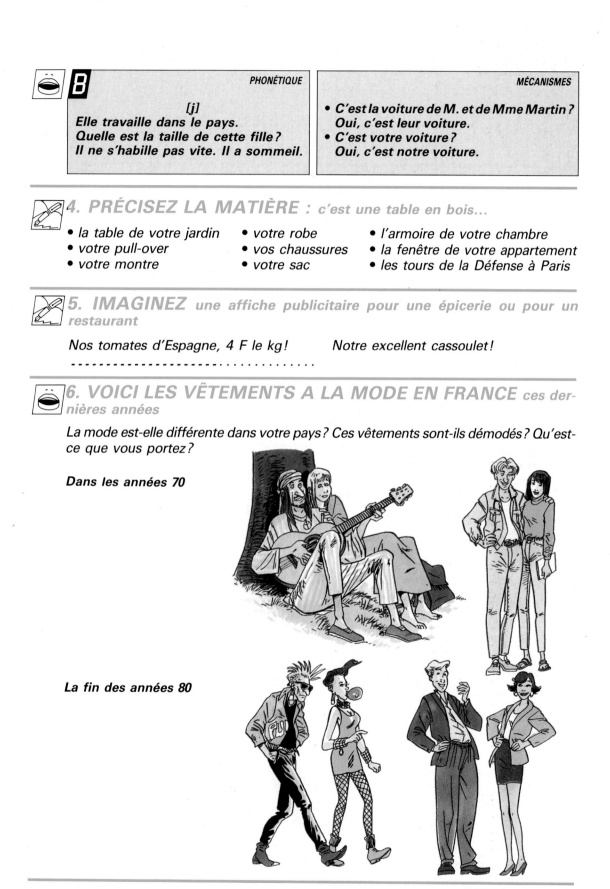

PHONÉTIQUE	MÉCANISMES
[j] *Elle travaille dans le pays.* *Quelle est la taille de cette fille?* *Il ne s'habille pas vite. Il a sommeil.*	• *C'est la voiture de M. et de Mme Martin?* *Oui, c'est leur voiture.* • *C'est votre voiture?* *Oui, c'est notre voiture.*

4. PRÉCISEZ LA MATIÈRE : *c'est une table en bois...*

- *la table de votre jardin*
- *votre pull-over*
- *votre montre*
- *votre robe*
- *vos chaussures*
- *votre sac*
- *l'armoire de votre chambre*
- *la fenêtre de votre appartement*
- *les tours de la Défense à Paris*

5. IMAGINEZ *une affiche publicitaire pour une épicerie ou pour un restaurant*

Nos tomates d'Espagne, 4 F le kg!   Notre excellent cassoulet!

- -

6. VOICI LES VÊTEMENTS A LA MODE EN FRANCE *ces dernières années*

La mode est-elle différente dans votre pays? Ces vêtements sont-ils démodés? Qu'est-ce que vous portez?

Dans les années 70

La fin des années 80

 **ACTIVITÉS**

---

7. ACCORDEZ LES ADJECTIFS

Les rues du Quartier latin sont **(étroit)**
Il a trois **(beau)** chemises **(blanc)**
Je n'aime pas les jupes **(court)**, je préfère les **(long)**
J'adore ces couleurs **(vert)** et **(bleu)**
Elle porte une robe **(neuf)**
Pour aller dans la campagne, il met des **(vieux)** chaussures.

---

8. METTEZ LES VERBES A LA FORME QUI CONVIENT

En hiver, ils ... des gros pull-overs de laine. **(mettre)**
Tu parles bien français maintenant? – J'... **(essayer)**
Combien ... ces tomates? **(coûter)**
Nous ... cette voiture par chèque ou avec une carte de crédit? **(payer)**
Est-ce que je peux ... cette jupe? **(essayer)**
On ... les salades à la pièce. **(payer)**

C   PHONÉTIQUE   MÉCANISMES

INTONATION
A qui est cette ceinture?
Quel âge a-t-il?
Où va-t-elle?

• *C'est mon pull-over...*
  Il est à moi.
• *Ce ne sont pas nos livres...*
  Ils ne sont pas à nous.

---

9. TRANSFORMEZ SELON LE MODÈLE

C'est mon livre → Ce livre est à moi

Ce n'est pas notre maison .... C'est ma chemise ....
C'est leur voiture .... Ce sont mes clés....................
Ce ne sont pas tes cigarettes...... Ce n'est pas son portefeuille..............
Ce sont nos vêtements .... Ce sont les livres de Martine et de Françoise ....

---

10. A QUI SONT CES OBJETS? **Posez la question. Répondez.**

• Nicolas Legrand
• M. Martin
• Mme Martin
• Valérie Florentini

« A qui est ce, cette ...?   A qui sont ces ...? »   « Il/elle/c'est à ... »

11. COMPLÉTEZ avec tout(le), toute(la), tous(les), toutes(les), toutes(les), tout

- Elle connaît ... Bourgogne.
- ... histoires d'Astérix sont amusantes.
- Il lave, il range. Il fait ... dans la maison.
- Elle lit ... livres de Balzac.
- Il finit ... plats.
- Tu veux ... gâteau ?

12. ÉCOUTEZ. Ils font des achats. Complétez le tableau

Où sont-ils ?	Qu'est-ce qu'ils achètent ?	Quel poids ? Combien ?	Combien payent-ils ?
a) Dans une épicerie	....	....	....
b) Dans une pharmacie	....	....	....
c) Dans un magasin de...	....	....	....
d)	....	....	....

13. JOUEZ LA SCÈNE. Le frère et la sœur se disputent leurs affaires

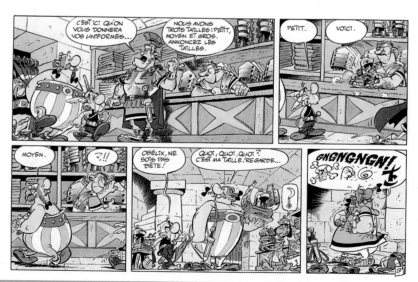

14. CONNAISSEZ-VOUS les histoires d'Astérix le Gaulois ?

Les Français (les petits et les grands) aiment beaucoup les bandes dessinées d'Astérix. Ces histoires se passent à l'époque de Jules César.

Les armées romaines sont partout en Gaule (c'est le nom de la France à cette époque). Mais un petit village de Bretagne résiste aux armées romaines grâce à une potion magique fabriquée par le druide (le grand prêtre) Panoramix.
Voici un extrait d'une histoire d'Axtérix. Axtérix (le petit) et son ami Obélix (le gros) s'engagent dans l'armée romaine pour aller délivrer un jeune Gaulois prisonnier.

MARDI GRAS

MARDI - 13 H.

Les jeunes du village préparent le carnaval.

Paul : Dépêchons-nous ! C'est bientôt l'heure du défilé...
Jules César, assieds-toi ici !
Astérix et Obélix, mettez-vous ici !
Mais où est Obélix ? Il n'est pas là ?

Jean-Pierre : Non, François est malade. Il ne peut pas venir.

Paul : C'est une catastrophe ! Qu'est-ce qu'on peut faire sans François ?

Jean-Pierre : J'ai une idée : je vais chercher M. Martin.

BROUSSAC
FÊTES DU MARDI GRAS
Grand défilé du Carnaval
et
Concours de chars
Mardi 21 février
15h

M. Martin se déguise.

MARDI - 15 H.

Mme Martin va voir Mme Lavigne.

Mme Martin : Qu'est-ce que vous préparez ?

Mme Lavigne : La pâte des crêpes. C'est mardi gras, aujourd'hui. Il faut faire des crêpes.

Mme Martin : Vous connaissez une bonne recette ?

Mme Lavigne : Oh, c'est facile. Il faut de la farine, des œufs, du lait et du beurre.
On doit ajouter un peu de sucre et une cuillère à café de sel...

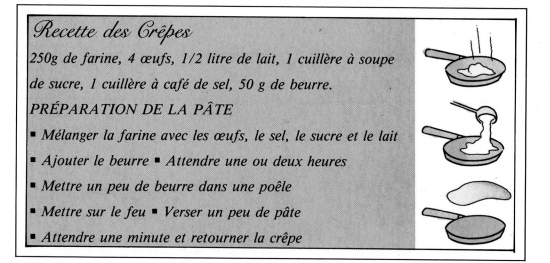

Recette des Crêpes

250g de farine, 4 œufs, 1/2 litre de lait, 1 cuillère à soupe de sucre, 1 cuillère à café de sel, 50 g de beurre.

PRÉPARATION DE LA PÂTE

- *Mélanger la farine avec les œufs, le sel, le sucre et le lait*
- *Ajouter le beurre* • *Attendre une ou deux heures*
- *Mettre un peu de beurre dans une poêle*
- *Mettre sur le feu* • *Verser un peu de pâte*
- *Attendre une minute et retourner la crêpe*

Le défilé du carnaval.

LE JOURNAL DE DIJON

BROUSSAC. LE CARNAVAL DE MARDI GRAS
1er prix du concours au char d'Astérix

Félicitations aux jeunes de notre village! Cette année tous les chars sont excellents. Mais le char d'Astérix le Gaulois mérite le premier prix. Les costumes sont très beaux. Les scènes sont amusantes. M. Martin, un nouveau broussacois, est parfait dans le rôle d'Obélix.

Bravo à tous les acteurs du Carnaval!

VOCABULAIRE ET GRAMMAIRE

■ LA POSITION

S'asseoir
Je m'assieds
Tu t'assieds
Il s'assied
Nous nous asseyons
Vous vous asseyez
Ils s'asseyent

se lever → être debout   se coucher → être couché   s'asseoir → être assis

■ L'IMPÉRATIF

Parler	
Parle!	Ne parle pas!
Parlons!	Ne parlons pas!
Parlez!	Ne parlez pas!

Se lever	
Lève-toi!	Ne te lève pas!
Levons-nous!	Ne nous levons pas!
Levez-vous!	Ne vous levez pas!

■ IL FAUT – DEVOIR

→ **Il faut + nom**

Pour faire sa toilette il faut :
- une douche
- un lavabo
- une serviette
- un savon
- une brosse à dents
- un dentifrice
- un shampooing

→ **Il faut + verbe**

Il faut écouter
Il faut se dépêcher
Il ne faut pas bavarder
Il ne faut pas se coucher tard

Devoir	partir
Je dois	
Tu dois	
Il/elle doit	
Nous devons	me/te/se/nous…
Vous devez	dépêcher
Ils/elles doivent	

■ DONNER DES ORDRES – INTERDIRE

Ne faites pas de feu!
Il ne faut pas faire de feu!
Vous ne devez pas faire de feu!

Allez chercher les pompiers!
Il faut aller chercher les pompiers!
Vous devez aller chercher les pompiers!

■ *VERBES RÉFLÉCHIS – NON RÉFLÉCHIS*

laver (sa voiture) – *se laver*
habiller (un enfant) – *s'habiller*
préparer (un plat) – *se préparer*

Elle regarde l'affiche   *Elle se regarde*

■ *LA CUISINE*

→ **Préparer un plat** – *une recette facile/difficile*

Les ingrédients : | **Les ustensiles :** *une poêle – une casserole – un plat*

le sucre
le sel
le poivre
l'huile
le vinaigre
la moutarde
la farine
le beurre
le lait
etc. (voir p. 66)

couper – **ajouter** – **mélanger**

verser

mettre *sur le feu*
mettre *au four*

Attendre
J'attends
Il attend
Nous attendons
Ils attendent

La table :
une assiette – un verre – un bol – une fourchette –
une cuillère – un couteau –
une bouteille – une carafe – une serviette

■ *FÉLICITER – DIRE SON ENTHOUSIASME*

CONCOURS DE THÉÂTRE

C'est excellent!

Bravo!

C'est très bien!

C'est parfait!

Fantastique!

C'est formidable!

Félicitations!

C'est super!

LEÇONS   ACTIVITÉS

A

PHONÉTIQUE

[f] - [v]
Il ne veut pas finir le veau.
Le dentifrice est sur le lavabo, à côté du savon.
Il faut vite se lever.

MÉCANISMES

- *Maintenant, tu t'assieds.*
  Assieds-toi !
- *Tu te lèves à 8 heures.*
  Ne te lève pas à 8 heures !

1. TRANSFORMEZ

Tu t'assieds → Assieds-toi !
- *Ce soir, tu ne te couches pas tard !* …
- *Pierre ! Tu te lèves vite !* …
- *Vous êtes en retard ! Vous vous dépêchez !* …
- *Vous ne pouvez pas vous asseoir ici* …
- *Demain, nous nous réveillons à 6 h !* …
- *Demain, tu te lèves à 7 h !* …

2. ILS DONNENT DES ORDRES. Qu'est-ce qu'ils disent ?

Le photographe

Le metteur en scène

3. ÉCOUTEZ. Un photographe prend 8 personnes en photo :
André, Béatrice, Claude, Denise,
Élisabeth, Florence, Gérard, Henri.

Avant de prendre la photo, il les place.

Montrez sur le dessin où il place les 8 personnes.

4. JOUEZ LA SCÈNE

Jean-Pierre va chercher M. Martin. Imaginez leur dialogue.

5. LES FÊTES TRADITIONNELLES EN FRANCE. Est-ce différent dans votre pays?

Pour commencer l'année
LE NOUVEL AN

On dit « Bonne et heureuse année! »
à ses amis. On fait des cadeaux.
Le 31 décembre, au soir, on fait
un repas de fête : le réveillon.

En février ou en mars
MARDI GRAS

Les enfants se déguisent,
on fait des crêpes.
C'est l'époque des défilés de Carnaval.
Les enfants ont une semaine de vacances.

En mars ou en avril
PÂQUES

C'est une fête religieuse.
Les enfants ont 15 jours
de vacances.

Le 1er mai
LA FÊTE DU TRAVAIL

Les travailleurs défilent
dans les rues.

En juin
LA FÊTE DES MÈRES
LA FÊTE DES PÈRES

Les enfants font des
cadeaux à leurs parents.

Le 14 juillet
LA FÊTE NATIONALE

Il y a des défilés militaires dans toutes
les villes, des bals, des feux d'artifice.

En novembre
LE JOUR DE LA TOUSSAINT

On honore les morts.
Les enfants ont quelques jours de vacances.

Le 25 décembre
NOËL

C'est une fête religieuse,
mais c'est aussi, pour
tous, la fête des enfants.
On se fait des cadeaux et
les enfants ont deux
semaines de vacances.

LEÇONS — ACTIVITÉS

B — PHONÉTIQUE

[k] - [g]
C'est mardi gras. On fait un gâteau ou des crêpes?
Écoutez cette musique! C'est un disque de Nicolas Legrand.
Une guitare, c'est un beau cadeau.

MÉCANISMES

• *Goûtez ce bœuf bourguignon!*
Vous devez goûter ce bœuf bourguignon!
• *Dépêchez-vous!*
Vous devez vous dépêcher.

---

6. RÉPONDEZ. *Êtes-vous bon cuisinier?*

Qu'est-ce qu'il faut pour faire un cassoulet?   « Il faut du .... »
                    un gâteau au chocolat?
                    une salade?

Êtes-vous bon élève en français?
Qu'est-ce qu'il faut faire pour bien apprendre le français? « Il faut écouter .... »

Êtes-vous sympathique?
Qu'est-ce qu'il faut faire pour être sympathique?   « Il faut être ... Il faut ... »

---

7. QU'EST-CE QU'ILS DOIVENT FAIRE? *Continuez les phrases*

• *J'ai très faim → Je dois manger.*
• *Tes vêtements sont sales. Tu ....*
• *Nous n'avons pas de logement ....*
• *André pèse 100 kg. Il ....*
• *Elles sont très fatiguées. Elles ....*
• *La Bourgogne est une belle région.*

---

8. REGARDEZ CES DESSINS. *Qu'est-ce qu'il ne faut pas faire?* Qu'est-ce qu'il faut faire?

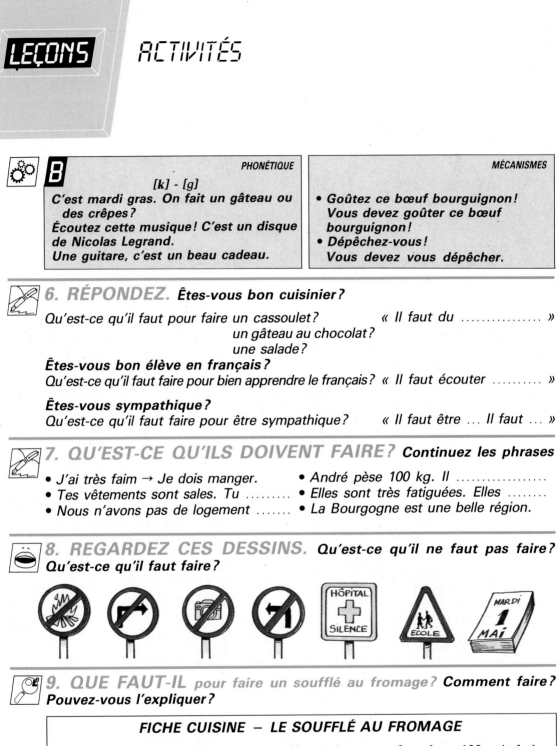

---

9. QUE FAUT-IL *pour faire un soufflé au fromage?* Comment faire? Pouvez-vous l'expliquer?

FICHE CUISINE – LE SOUFFLÉ AU FROMAGE

Pour 6 personnes : 1/2 litre de lait – 100 g de beurre – 6 œufs – 100 g de farine – 100 g de gruyère – sel – poivre

■ *Faire une béchamel; mettre du beurre dans une casserole. Chauffer. Ajouter la farine. Mélanger. Ajouter le lait petit à petit et remuer. Ajouter un peu de sel et de poivre.* ■ *Ajouter le gruyère râpé. Laisser refroidir.* ■ *Ajouter les jaunes d'œufs à la béchamel. Battre les blancs en neige. Mélanger le tout.* ■ *Beurrer un moule.* ■ *Mettre dans un four chaud. Laisser 30 minutes dans le four.*

---

10. D'APRÈS CES DESSINS, rédigez la recette de l'omelette aux champignons

MÉCANISMES

- Goûtez ce bœuf bourguignon!
  Il faut goûter ce bœuf
  bourguignon!
- Dépêchez-vous!
  Il faut vous dépêcher!

11. FAITES-LES PARLER. Félicitations à la fin du spectacle

12. ÉCRIVEZ-LEUR POUR LES FÉLICITER

SALON DES JEUNES ARTISTES
PREMIER PRIX A ISABELLE DULAC
pour son tableau : Repas en Bourgogne

Toutes les interviews
de Valérie Florentini
dans son nouveau livre
PORTRAITS D'ARTISTES

UNITE2   BILAN

VOUS SAVEZ...

■ 1. ... MONTRER.

■ Ils montrent des vêtements

a « Regarde ... »   *b « Je voudrais ... »*

■ 2. ... PRÉSENTER DES QUANTITÉS

■ Vous êtes le garçon. Présentez le menu

Menu

Pâté de campagne
Salade de tomates
Omelette
Escargots de Bourgogne
Poulet aux champignons

Desserts
fromage, fruits, glace

Boissons
eau minérale - vin rouge

« Aujourd'hui, il y a ... »

Vous êtes le client. Commandez le repas. Rédigez le dialogue.

■ Complétez avec l'article qui convient

Pour boire, il y a ... jus d'orange. Est-ce que vous aimez ... jus d'orange?
M. Martin aime ... calme mais il y a ... bruit près de l'aéroport de Paris.
Je voudrais ... pommes de terre. Combien coûte ... kilo de pommes de terre?
Je sais faire ... crêpes. Il faut ... œufs, ... farine et ... lait.

■ Complétez avec un peu de, quelques, beaucoup de

A Paris il y a ... cafés. – Je n'aime pas beaucoup le sucre. Dans mon café je mets ... sucre. – Elle n'est pas grosse, mais elle pèse 70 kg. Elle doit perdre encore ... kilos – Je suis un peu fatigué. Je vais me reposer ... minutes – Je n'ai pas très faim. Je vais manger ... fromage et un fruit.

■ 3. ... EXPRIMER L'APPARTENANCE

■ *Complétez*

- *Ce pull-over est à lui. C'est ... pull-over.*
- *Cette voiture est à eux. C'est ... voiture.*
- *Cette brosse à dents est à toi. C'est ... brosse à dents.*
- *Ces clés sont à nous. Ce sont ... clés.*
- *Cette écharpe est à vous. C'est ... écharpe.*
- *Ces livres sont à moi. Ce sont ... livres.*
- *Cette cassette est à lui. C'est ... cassette.*
- *Ces disques sont à elles. Ce sont ... disques.*

■ 4. ... RACONTER

■ **Elle travaille le jour. Il travaille la nuit. Racontez.**

■ 5. ... DÉCRIRE DES LIEUX

■ **Placez les objets suivants dans les pièces de la maison**

lit – casserole – brosse à dents – armoire – fauteuil – lampe – tapis –
« Le lit est dans la chambre... »

■ **Décrivez cette maison d'après l'annonce et le plan**

A vendre villa
R de Ch : salon, cuis, WC,
1er ét : 3 ch, S de B
Agence IMOB

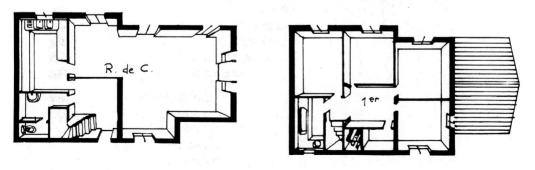

BILAN

■ 6. ... DONNER DES ORDRES / DES CONSEILS

■ Lisez les phrases et donnez les ordres correspondants

- *Vous ne devez pas partir → Ne partez pas!*
- *Tu dois te laver ...*
- *Vous ne devez pas vous dépêcher...*

- *Nous devons nous habiller ...*
- *Tu ne dois pas arriver tard ...*
- *Vous devez vous lever à 8 h ...*

■ Donnez les ordres correspondant à ces dessins

■ 7. ... CONJUGUER

■ Choisissez l'un des deux verbes et mettez-le à la forme qui convient

- **acheter/vendre** M. et Mme Martin ... une maison à Broussac.
- **écouter/entendre** Dans la nuit, Mme Martin ... des bruits bizarres.
- **monter/descendre** Nous ... de la montagne.
- **payer/nettoyer** Nous devons ... ces vêtements sales.
- **chercher/trouver** Je ... ma montre. Où est-elle?
- **jouer/louer** Tu ... très bien ton rôle.
- **être/avoir** Vous ... faim? Vous voulez un peu de gâteau?
- **essayer/payer** Pardon Madame, est-ce que je peux ... cette robe rouge?

■ 8. ... ACHETER

■ Elle achète une lampe. Rédigez le dialogue avec la vendeuse

■ 9. ... INTERROGER

■ Posez la question correspondant à ces réponses
- *Votre sac est sur la chaise, à côté de l'armoire.*
- *Je préfère la jupe bleue.*
- *Pour moi une salade et un steak-frites.*
- *67 F.*
- *Ce stylo? Il est à moi.*
- *Mon appartement? Il est grand, bien éclairé, très moderne.*
- *Mais si, bien sûr, je prends de la glace. J'adore ça!*
- *Je lis des romans.*

■ 10. ... UTILISER LES PRONOMS

■ Complétez avec le pronom qui convient
- *Les jeunes de Broussac se déguisent. M. Martin se déguise avec ...*
- *Je ne trouve pas mon portefeuille. Tu veux bien chercher avec ...?*
- *Jacques, assieds-toi à côté de Marie! Paul, assieds-toi aussi à côté d'...!*
- *Demain Pierre a 20 ans. Je choisis cette cravate pour ...*
- *Marie et moi, nous préparons un lapin à la moutarde. Venez dîner chez ...!*
- *Vous allez en ville. Je peux venir avec ...?*

■ 11. ... CLASSER

■ Complétez avec la question ou la réponse

Tu fais quelque chose ce soir?	*Non, ...*
..........................?	*Non, je ne cherche rien.*
Il y a quelqu'un en bas?	*Non, ...*
....	*Non, je n'écris à personne.*

■ Voici leurs notes en français. Classez-les

André → 7 – Bernard → 10 – Claude → 9 – Didier → 14 – Gérard → 18 – Henri → 17.
André est ...

■ 12. ... FÉLICITER

■ Écrivez-lui pour le féliciter

Le nouveau disque de Nicolas LEGRAND

◼ QUELQUES RÉGIONS TOURISTIQUES

LA BOURGOGNE
Une grande région à la géographie variée. Connue pour ses spécialités gastronomiques (escargots, coq au vin, bœuf bourguignon…) et pour ses vins.
Des abbayes du Moyen Age et Dijon, ville au passé très riche.

LA PROVENCE ET LA CÔTE D'AZUR
Une région au bord de la mer Méditerranée, connue pour la bouillabaisse, ses plages très touristiques, ses petits villages charmants.

LES ALPES
Une région de montagnes (Mont-Blanc 4 807 m) où l'on pratique le ski et les sports de haute-montagne. Connue aussi pour ses fromages et la « fondue » savoyarde.

L'ALSACE ET LES VOSGES
Une région de plaine (la plaine du Rhin), de montagnes basses et de grandes forêts, connue pour sa choucroute, ses fromages (Munster) et ses eaux (Vittel).
Des vieilles villes aux rues pittoresques…

◼ **Retrouvez parmi ces images : La cathédrale et le vieux quartier « la petite France » à Strasbourg − Des vignes en Bourgogne − Une station de ski dans les Alpes − Un champ de lavande en Provence.**

◼ **Quelles régions aimeriez-vous visiter. Pourquoi?**

UNITÉ 3
L'enquête de l'inspecteur Darot

Grammaire

Pronoms compléments - Futur proche - Passé composé et imparfait.

Communication

Raconter et rapporter - Donner son avis - Se plaindre et réprimander - Expliquer et justifier.

Civilisation

Plusieurs régions de France - Différents univers sociaux.

LEÇON 1 — UN PDG TRÈS OCCUPÉ

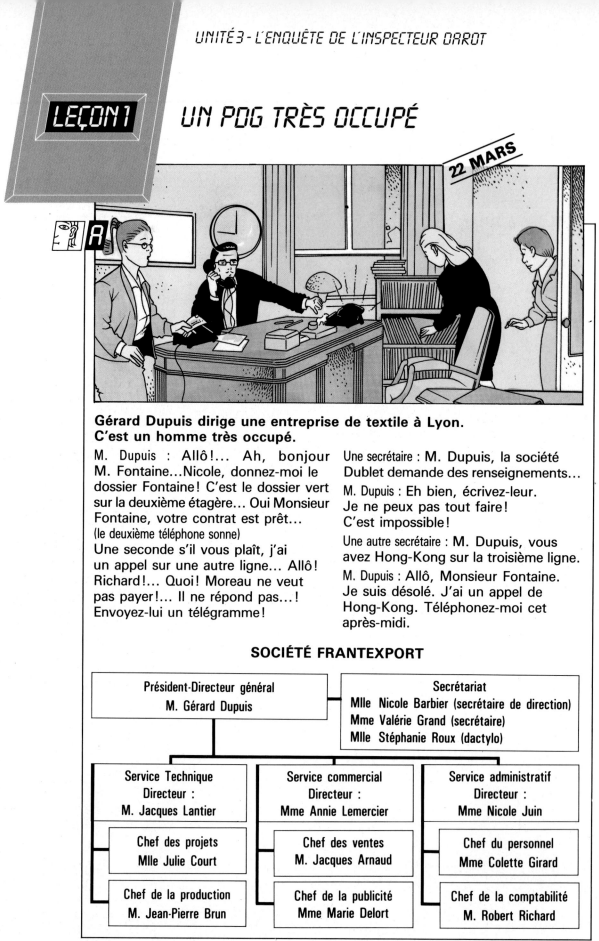

22 MARS

Gérard Dupuis dirige une entreprise de textile à Lyon. C'est un homme très occupé.

M. Dupuis : Allô!... Ah, bonjour M. Fontaine...Nicole, donnez-moi le dossier Fontaine! C'est le dossier vert sur la deuxième étagère... Oui Monsieur Fontaine, votre contrat est prêt...
(le deuxième téléphone sonne)
Une seconde s'il vous plaît, j'ai un appel sur une autre ligne... Allô! Richard!... Quoi! Moreau ne veut pas payer!... Il ne répond pas...! Envoyez-lui un télégramme!

Une secrétaire : M. Dupuis, la société Dublet demande des renseignements...

M. Dupuis : Eh bien, écrivez-leur. Je ne peux pas tout faire! C'est impossible!

Une autre secrétaire : M. Dupuis, vous avez Hong-Kong sur la troisième ligne.

M. Dupuis : Allô, Monsieur Fontaine. Je suis désolé. J'ai un appel de Hong-Kong. Téléphonez-moi cet après-midi.

SOCIÉTÉ FRANTEXPORT

Président-Directeur général M. Gérard Dupuis	Secrétariat Mlle Nicole Barbier (secrétaire de direction) Mme Valérie Grand (secrétaire) Mlle Stéphanie Roux (dactylo)

Service Technique Directeur : M. Jacques Lantier	Service commercial Directeur : Mme Annie Lemercier	Service administratif Directeur : Mme Nicole Juin
Chef des projets Mlle Julie Court	Chef des ventes M. Jacques Arnaud	Chef du personnel Mme Colette Girard
Chef de la production M. Jean-Pierre Brun	Chef de la publicité Mme Marie Delort	Chef de la comptabilité M. Robert Richard

B

M. Dupuis est en colère.

M. Dupuis : Non Mademoiselle ! Je ne signe pas cette lettre ! Elle est pleine de fautes. Corrigez-les !

Stéphanie : Mais, Monsieur, c'est la machine…

M. Dupuis : La machine marche très bien. Mais vous, vous faites des fautes d'orthographe… Et puis, ici, il manque un paragraphe. Alors, refaites la lettre et relisez-la.

Stéphanie : Bien, Monsieur.

M. Dupuis (à Nicole) : Je vais à une réunion. Je rentre à 19 h. Attendez-moi, s'il vous plaît. Au revoir, Mesdames !

Stéphanie : Le patron n'est pas de bonne humeur aujourd'hui !

C

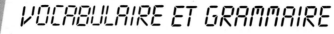

LEÇON 1 · VOCABULAIRE ET GRAMMAIRE

■ L'ENTREPRISE

une entreprise – **une société**

le personnel : un PDG (président directeur général)
un directeur – une directrice
un chef
une secrétaire
une dactylo

occupé/libre
compétent/incompétent
de bonne humeur/de mauvaise humeur
nerveux/décontracté

les services : technique (un projet – la production)
commercial (un achat – une vente – la publicité)
administratif (la comptabilité – le personnel)

les activités : diriger – étudier un dossier – être en réunion – signer un contrat

le bureau : un bureau (meuble) – un tiroir – un stylo – un crayon –
une gomme – une règle – un cahier – une feuille de
papier – une machine à écrire – un photocopieur (une pho-
tocopie) – un ordinateur

■ LE COURRIER

Envoyer	
J'envoie	une lettre
Tu envoies	un télégramme
Il envoie	un télex
Nous envoyons	
Vous envoyez	... à Pierre
Ils envoient	... au directeur

• écrire / faire / signer une lettre – faire
une faute – corriger

• une ligne – un paragraphe – une enve-
loppe – un timbre

• C'est urgent!
C'est impossible! C'est possible!

Recevoir	
Je reçois	une lettre
Il reçoit	un paquet
Nous recevons	
Ils reçoivent	... de Pierre

Répondre	
Je réponds	à une lettre
Il répond	
Nous répondons	à Pierre
Ils répondent	

■ LE TÉLÉPHONE

téléphoner à ... appeler ... rappeler ...

un téléphone − une ligne (occupée/libre)
− un appel (de ...)
l'annuaire − un numéro (faire un numéro)
les renseignements.

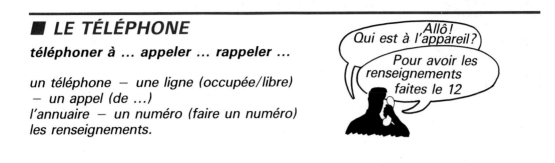

Allô!
Qui est à l'appareil?

Pour avoir les renseignements faites le 12

■ LE PRONOM COMPLÉMENT À L'IMPÉRATIF

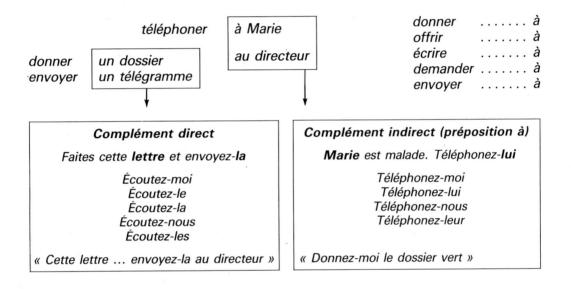

téléphoner

à Marie

au directeur

donner
envoyer

un dossier
un télégramme

donner . . . . à
offrir . . . . à
écrire . . . . à
demander . . . . à
envoyer . . . . à

Complément direct	Complément indirect (préposition à)
Faites cette **lettre** et envoyez-**la**	**Marie** est malade. Téléphonez-**lui**
Écoutez-moi Écoutez-le Écoutez-la Écoutez-nous Écoutez-les	Téléphonez-moi Téléphonez-lui Téléphonez-nous Téléphonez-leur
« Cette lettre ... envoyez-la au directeur »	« Donnez-moi le dossier vert »

■ LA RÉPÉTITION DE L'ACTION

1. préfixe -re
faire → refaire   lire → relire   voir → revoir   dire → redire

2. encore/ne ... plus

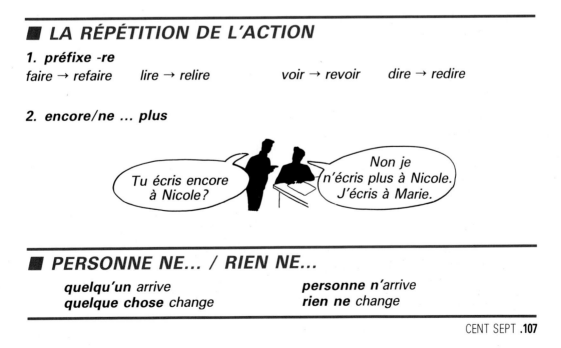

Tu écris encore à Nicole?

Non je n'écris plus à Nicole. J'écris à Marie.

■ PERSONNE NE... / RIEN NE...

quelqu'un arrive
quelque chose change

personne n'arrive
rien ne change

LEÇON 1   ACTIVITÉS

PHONÉTIQUE	MÉCANISMES
[t] - [d] **On demande M. Fontaine au téléphone.** **Mettez ce contrat dans le dossier vert.** **M. Dupuis dirige l'entreprise Frantexport.**	• **Écris à Sylvie!** **Écris-lui!** • **Téléphonons à nos amis!** **Téléphonons-leur!**

1. LISEZ LES PHRASES SUIVANTES et donnez l'ordre correspondant

Vous devez écrire à M. Dublet → Écrivez-lui!
Vous devez téléphoner à vos amis . . . .
Tu dois dire bonjour à Mme Leblanc . . . .
Nous devons offrir un cadeau à Jacques . . . .
Tu dois envoyer un télégramme à Marie . . . .
J'attends votre appel ce soir à huit heures . . . .

2. JOUEZ LA SCÈNE OU RÉDIGEZ LE DIALOGUE. Téléphonez à la secrétaire de M. Dupuis pour avoir un rendez-vous (la secrétaire répond en regardant l'emploi du temps de son patron)

Lundi 21	Mardi 22	Mercredi 25	Jeudi 24
de 9 h à 11 h *Travail sur le dossier* *Fontaine* *Urgent* *de 14 à 16 h* *Réunion service publicité*	*13 h* *Déjeuner avec Garin* *de 16 h à 18 h* *Réunion service du* *personnel*	*de 9 h à 12 h* *Réunion service* *commercial* *16 h* *Signature du contrat* *italien* *18 h* *Cocktail au Concorde*	*9 h.* *Étude du dossier japonais* *avec chefs de service.* *13 h* *Déjeuner au Novotel.* *15 h* *Discussion contrat* *japonais.* *20 h* *Soirée avec les Japonais*

« Allô, je voudrais un rendez-vous avec M. Dupuis le jeudi 24.
Est-ce que c'est possible à 9 h? »
« Je voudrais inviter M. Dupuis à déjeuner mardi . . . . »

3. TÉLÉPHONEZ

• **à un ami (une amie)** *pour faire un projet de soirée, de week-end*
pour inviter votre ami à déjeuner, à venir chez vous
• **à un office du tourisme** *pour demander des renseignements sur une région*
• **à un service de la société Frantexport :**
au service des ventes pour demander un prix
pour faire une commande
au service de la publicité pour demander des renseignements sur un produit

4. REGARDEZ CES PHOTOS. Que fait cette entreprise ? Que représente chaque photo ? Pouvez-vous dire dans quel service elles ont été prises ?

B

PHONÉTIQUE	MÉCANISMES
[l] **Arriver à l'heure : c'est difficile !** **C'est elle ! Qu'elle est belle !** **Refaites la lettre et relisez-la, s'il vous plaît !**	• **Écoute Sylvie !** **Écoute-la !** • **Invitons nos amis !** **Invitons-les !**

---

5. LISEZ LES PHRASES SUIVANTES et donnez l'ordre correspondant

Vous devez envoyer cette lettre → Envoyez-la !

- *Nous devons féliciter les enfants* .....
- *Tu dois corriger cette faute* ....
- *Vous devez signer ce contrat* ....
- *Nous devons attendre M. Dupuis* .....
- *Vous devez visiter cette région* ....
- *Ce plat est excellent* ....

LEÇON 1

ACTIVITÉS

 6. VOICI LA LETTRE DE LA SECRÉTAIRE DE M. DUPUIS

Gérard Dupuis
Président de Frantexport   à
                                    M. Pierre Martin
                                    21, boulevard Victor-Hugo
                                    LYON

    Monsieur,
Je reçois aujourd'hui votre candidature à un poste de chef de publicité dans mon entreprise.
Je vous en remercie. Votre curriculum vitae est excellent.
En attendant de faire votre connaissance mercredi, recevez, cher Monsieur, mes meilleurs sentiments.
                                    G. Dupuis

a. A qui écrit M. Dupuis? Quel est l'objet de la lettre?

b. M. Dupuis dit « il manque un paragraphe ». Pouvez-vous dire lequel?

7. RÉDIGEZ LE MESSAGE

Mme Grand doit rester très tard au bureau ce soir. Elle laisse un message à son mari et lui donne des instructions.
« Philippe, je dois rester . . . . »

8. FAITES-LES PARLER. Ils sont en colère

9. METTEZ LES VERBES A LA FORME QUI CONVIENT

(recevoir) Ils . . . beaucoup de lettres.
(envoyer) Nous . . . un télégramme pour annoncer notre retard.
(répondre) Tu . . . à cette lettre.
(aller chercher) Je . . . M. Krantz à l'aéroport.
(attendre) Elle . . . un paquet urgent.

[R]
Elle a une robe rouge.
Il arrive en retard.
M. Dupuis ne dort plus. Il ne sort plus.

• *Il écrit encore à Nicole?*
Oui, il écrit encore à Nicole.
Non, il n'écrit plus à Nicole.

---

10. CONTINUEZ LES PHRASES *en utilisant encore/ne... plus et les verbes entre parenthèses*

- *Il est malade. Il ... (manger), (sortir)*
- *Elles sont paresseuses. Elles ... (travailler, apprendre)*
- *Cette pièce n'est pas bonne. On ... (jouer la pièce)*
- *Vous adorez les crêpes. ... ... (prendre une crêpe)*
- *Il adore le théâtre. Ce soir ... (aller au théâtre)*
- *Il veut une autre bière. Il ... (demander une bière)*
- *Il est très nerveux. Il ... (dormir)*

---

11. TRANSFORMEZ

On rejoue « L'Avare » = On joue encore « L'Avare »
- *Il prend encore du poulet = ...*   • *Elle remet sa robe bleue = ...*
- *Elle demande encore une explication = ...*   • *Il redit merci = ...*

---

12. ÉCOUTEZ. *Monsieur Dupuis parle de son personnel. Que dit-il?*

Complétez le tableau

Nom	Fonction	Défauts	Qualités	Autres observations
1 Marie Delort	Chef de publicité	....	....	....
2	....	....	....	....
3	....	....	....	....
4	....	....	....	....
5	....	....	....	....

---

13. REGARDEZ-LES. *Ils ont des problèmes. Imaginez ces problèmes.*

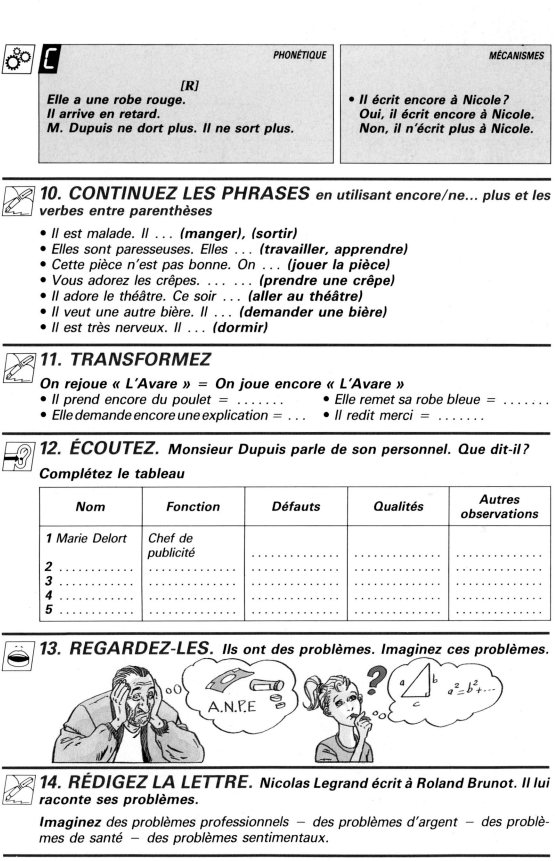

---

14. RÉDIGEZ LA LETTRE. *Nicolas Legrand écrit à Roland Brunot. Il lui raconte ses problèmes.*

Imaginez des problèmes professionnels — des problèmes d'argent — des problèmes de santé — des problèmes sentimentaux.

LEÇON 2

LA DISPARITION MYSTÉRIEUSE

 A

 1er AVRIL

Le lundi 1er avril, les secrétaires de Frantexport arrivent au bureau à 9 h. M. Dupuis n'est pas là. Elles sont surprises. D'habitude, il n'est jamais en retard, il arrive toujours à 8 h.

4 AVRIL

Trois jours après...

M. Fontaine : Allô! Je suis M. Fontaine. Est-ce que Monsieur Dupuis est au bureau aujourd'hui?

Nicole : Non.

M. Fontaine : Il est toujours absent cette semaine! Où est-il? J'attends mon contrat, moi!

Nicole : Écoutez, Monsieur Fontaine, nous ne savons pas. Nous téléphonons partout. C'est un mystère.

ON RECHERCHE
Gérard Dupuis

*50 ans - 1,80 m - 80 kg
yeux noirs (lunettes) -
cheveux bruns - visage
allongé - moustache.
Il porte souvent
un costume gris clair
et une cravate bleue.*

LE MYSTÈRE DE LA DISPARITION DU PDG!

Lyon - 5 avril - Le PDG de la société Frantexport, M. Gérard Dupuis, reste introuvable. Tous les amis de ce riche célibataire sont inquiets. La police commence une enquête.

B 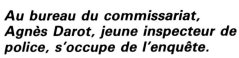 **5 AVRIL**

Au bureau du commissariat, Agnès Darot, jeune inspecteur de police, s'occupe de l'enquête.

Le commissaire : Vous avez une idée sur cette disparition ?

Agnès D. : Je pense que c'est un meurtre ou un enlèvement.

Le commissaire : A votre avis, où faut-il chercher le coupable ?

Agnès D : Je crois qu'il faut chercher dans la famille de M. Dupuis. M. Dupuis est très riche.

Le commissaire : Quelqu'un veut l'héritage...

Agnès D : Sans doute.

Le commissaire : Qu'est-ce que vous allez faire ?

Agnès D : Je vais interroger les membres de la famille.

Le commissaire : Alors, vous allez beaucoup voyager...

C

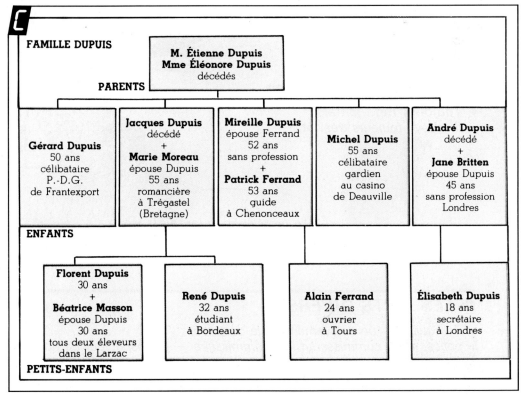

FAMILLE DUPUIS

PARENTS

M. Étienne Dupuis
Mme Éléonore Dupuis
décédés

ENFANTS

| Gérard Dupuis 50 ans célibataire P.-D.G. de Frantexport | Jacques Dupuis décédé + **Marie Moreau** épouse Dupuis 55 ans romancière à Trégastel (Bretagne) | Mireille Dupuis épouse Ferrand 52 ans sans profession + **Patrick Ferrand** 53 ans guide à Chenonceaux | Michel Dupuis 55 ans célibataire gardien au casino de Deauville | André Dupuis décédé + **Jane Britten** épouse Dupuis 45 ans sans profession Londres |

PETITS-ENFANTS

| Florent Dupuis 30 ans + **Béatrice Masson** épouse Dupuis 30 ans tous deux éleveurs dans le Larzac | René Dupuis 32 ans étudiant à Bordeaux | Alain Ferrand 24 ans ouvrier à Tours | Élisabeth Dupuis 18 ans secrétaire à Londres |

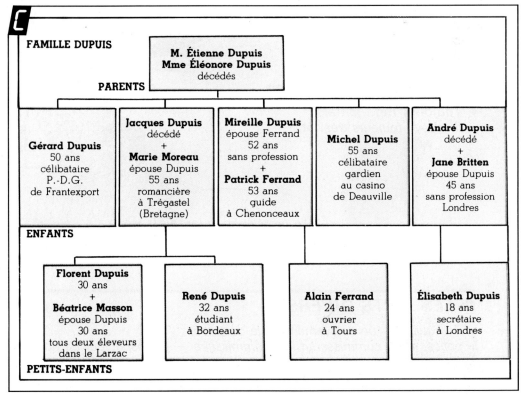

LEÇON 2 — VOCABULAIRE ET GRAMMAIRE

■ DÉCRIRE UNE PERSONNE : LE VISAGE

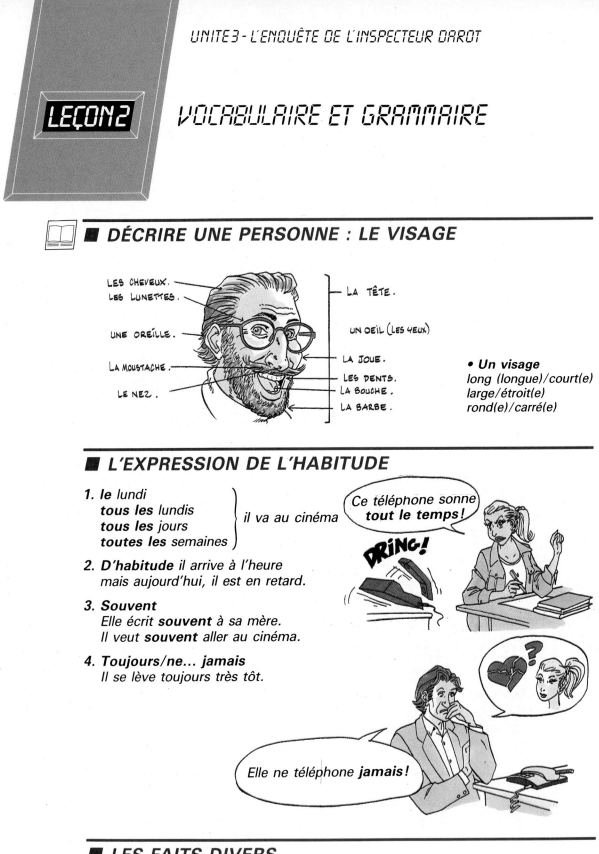

LES CHEVEUX.
LES LUNETTES.
UNE OREILLE.
LA MOUSTACHE.
LE NEZ.

LA TÊTE.
UN OEIL (LES YEUX)
LA JOUE.
LES DENTS.
LA BOUCHE.
LA BARBE.

• **Un visage**
long (longue)/court(e)
large/étroit(e)
rond(e)/carré(e)

■ L'EXPRESSION DE L'HABITUDE

1. **le** lundi
   tous les lundis
   tous les jours
   toutes les semaines   } il va au cinéma

2. **D'habitude** il arrive à l'heure
   mais aujourd'hui, il est en retard.

3. **Souvent**
   Elle écrit **souvent** à sa mère.
   Il veut **souvent** aller au cinéma.

4. **Toujours/ne... jamais**
   Il se lève toujours très tôt.

*Ce téléphone sonne **tout le temps**!*

DRING!

*Elle ne téléphone **jamais**!*

■ LES FAITS DIVERS

une enquête – un enlèvement – le coupable
la police – un commissariat (un commissaire – un inspecteur de police)

kidnapper – enquêter – interroger – s'occuper de l'enquête

■ LA FAMILLE

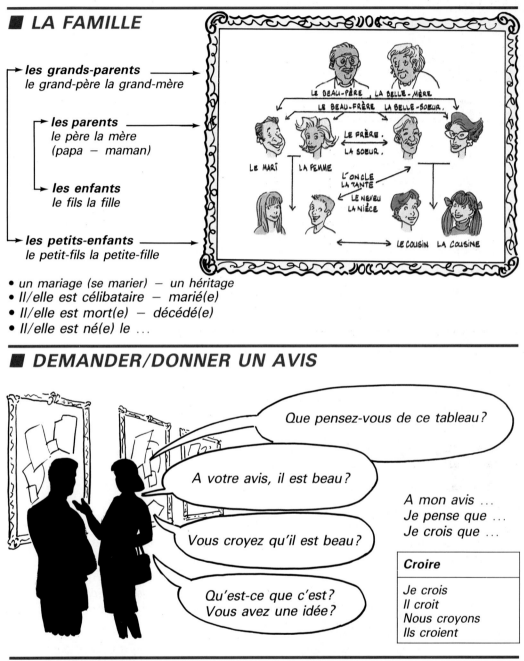

les grands-parents
le grand-père la grand-mère

les parents
le père la mère
(papa — maman)

les enfants
le fils la fille

les petits-enfants
le petit-fils la petite-fille

LE BEAU-PÈRE , LA BELLE-MÈRE
LE BEAU-FRÈRE LA BELLE-SOEUR.
LE FRÈRE .
LA SOEUR .
LE MARI   LA FEMME
L'ONCLE
LA TANTE
LE NEVEU
LA NIÈCE
LE COUSIN LA COUSINE

- un mariage (se marier) — un héritage
- Il/elle est célibataire — marié(e)
- Il/elle est mort(e) — décédé(e)
- Il/elle est né(e) le ...

■ DEMANDER/DONNER UN AVIS

Que pensez-vous de ce tableau ?

A votre avis, il est beau ?

Vous croyez qu'il est beau ?

Qu'est-ce que c'est ?
Vous avez une idée ?

A mon avis ...
Je pense que ...
Je crois que ...

Croire
Je crois
Il croit
Nous croyons
Ils croient

■ LE FUTUR PROCHE

Aller + infinitif		
Je vais		*tout de suite*
Tu vas		*tout à l'heure*
Il/elle/on va	*partir*	*à 8 h*
Nous allons		*ce soir*
Vous allez		*demain*
Ils/elles vont		

- *Vous allez rester ici ?*
  Est-ce que vous allez rester ici ?
  Allez-vous rester ici ?

- *Non, je ne vais pas rester ici.*

LEÇON 2 — ACTIVITÉS

PHONÉTIQUE	MÉCANISMES

INTONATION
J'attends mon contrat, moi!
Tu es libre, toi?
Moi, je ne suis jamais en retard!
	• *Elle arrive toujours à l'heure?*
	  Non, elle n'arrive jamais à l'heure.
	• *Elle va souvent se promener?*
	  Non, elle ne va jamais se promener.

1. CONTINUEZ LES PHRASES en utilisant le verbe entre paren- thèses et les adverbes « toujours » ou « jamais »

- *Sylvie adore lire le soir. Elle ... **(regarder la télévision)***
- *Il est très bon en orthographe. Il ... **(faire des fautes)***
- *Jacques est souvent malade. Il ... **(être absent)***
- *M. Lavigne est un homme intéressant. Il ... **(raconter)** des histoires amusantes.*
- *Valérie aime beaucoup la mer. Elle ... **(partir)** en vacances sur la Cote d'Azur. Elle ... **(aller)** à la montagne.*
- *J'aime beaucoup le velours. Je ... **(porter)** des pantalons de velours.*

2. SOUVENT/TOUJOURS/JAMAIS. Qu'est-ce que vous ne faites jamais? Qu'est-ce que vous avez l'habitude de faire?

- *Boire du café?*
- *Aller à l'Opéra?*
- *Arriver en avance à un rendez-vous?*
- *Vous lever à 5 h du matin?*

- *Dîner à 11 h du soir?*
- *Écrire sur les murs?*
- *Demander de l'argent à un ami?*
- *Vous déguiser? etc.*

Interrogez votre voisin(e) sur ses habitudes

3. DÉCRIVEZ. COMMENTEZ. Appréciez ces quatre portraits célèbres

« L'homme à l'oreille coupée » par Van Gogh
Autoportrait de Van Gogh, peintre hollandais [1853-1890]. Il a passé une partie de sa vie en France.

« François Ier » par Clouet
François Ier : roi de France de 1515 à 1547.
Jean Clouet : peintre français du XVIe siècle.

« Portrait de femme » par Modigliani
Peintre italien (1854-1920). Il a vécu à Paris à partir de 1906.

« Annabel » de Bernard Buffet
Peintre français né en 1928.

 4. IMAGINEZ ET RÉDIGEZ *l'avis de recherche*

Florence Morot

René Arsène (3 cambriolages de bijouteries)

PHONÉTIQUE

[j]
Nous travaillons beaucoup.
J'ai un billet d'avion pour mon voyage à Rome.
Nous essayons de nettoyer l'escalier.

MÉCANISMES

• *Vous allez bientôt partir ?*
  Je vais partir demain.
• *Il va bientôt sortir ?*
  Il va sortir tout à l'heure.

LEÇON 2   ACTIVITÉS

5. RÉPONDEZ OU POSEZ LA QUESTION

- *Est-ce que M. Dupuis va rappeler? Oui, . . .*
- *Est-ce que vous allez vous reposer ce soir? Oui, . . .*
- *. . . . .? Oui, je vais m'occuper de votre contrat.*
- *Est-ce que tu vas te lever tôt demain? Non, ...*
- *. . . . .? Non, il ne va pas se promener.*
- *Est-ce que vous allez sortir ce soir? Oui, ...*

6. QU'EST-CE QUE VOUS ALLEZ FAIRE? Qu'est-ce qu'ils vont faire?

- **a.** *Vous êtes malade*
- **b.** *Vous avez une grosse journée de travail demain*
- **c.** *Votre patron est désagréable avec vous*
- **d.** *Vous avez un rendez-vous avec un ami (une amie)*
  Il/elle est très en retard
- **e.** *Il ne trouve pas sa montre, son portefeuille*
- **f.** *Demain, c'est l'anniversaire de son ami(e)*

a. *« Je vais appeler un médecin/aller chez le médecin/me reposer etc. »*

7. DONNEZ VOTRE AVIS SUR CES PHRASES. Demandez l'avis de votre voisin(e)

- *Habiter dans le centre d'une ville, c'est insupportable*
- *Aujourd'hui, les enfants n'apprennent rien à l'école*
- *Il n'y a pas de bon joueur de football dans notre pays*
- *On ne fait plus de bonnes chansons*
- *Il faut boire de l'eau, faire du sport, se coucher tôt*

« Je pense que . . .   *c'est vrai/faux*
Je crois que . . .   *peut-être . . . Ce n'est pas sûr »*

8. ÉCOUTEZ. Ils font des projets de vacances. Complétez le tableau

Qui parle?	Où vont-il aller?	Qu'est-ce qu'ils vont faire?	C'est sûr?
Stéphanie	*en Italie*	. . . .	. . . .
Rémi	. . . .	. . . .	. . . .
Antoine	. . . .	. . . .	. . . .

[R] - [l]
Il loue une voiture rouge.
Il y a de l'eau au robinet?
Elle a le visage rond et les cheveux longs.

- *C'est le frère de Gérard Dupuis?*
  Oui, c'est son frère.
- *C'est votre oncle?*
  Non, ce n'est pas notre oncle.

9. COMPLÉTEZ *d'après le tableau de la page 113*

- *Mireille Dupuis (épouse Ferrand) est la ... de Gérard Dupuis.*
- *Alain Ferrand est le ... de Patrick Ferrand et le ... Gérard Dupuis.*
- *Élisabeth Dupuis est la ... d'Alain Ferrand et la ... de Patrick Ferrand.*
- *Florent Dupuis est le ... d'Étienne Dupuis.*
- *Michel Dupuis est le ... de Gérard Dupuis et le ... Marie Moreau.*

10. PRÉSENTEZ CETTE FAMILLE. *Imaginez leurs noms, leurs liens de parenté, leur âge, leur profession*

Présentez votre famille « *Mon père s'appelle ... il a ... il est ...* »

11. PRÉSENTEZ *les personnages du « Malade imaginaire » (pièce de Molière)*

Connaissez-vous cette histoire de famille?

ACTEURS DE LA COMÉDIE.

ARGAN, Malade imaginaire.
BELINE, seconde Femme d'Argan.
ANGÉLIQUE, Fille d'Argan.
LOUISON, petite Fille, Sœur d'Angélique.
BÉRALDE, Frere d'Argan.
CLÉANTE, Amant d'Angélique.
MONSIEUR DIAFOIRUS, Médecin.
THOMAS DIAFOIRUS, Fils de Monsieur
    Diafoirus.
MONSIEUR PURGON, Médecin.
MONSIEUR FLEURANT, Apothicaire.
MONSIEUR BONNEFOI, Notaire.
TOINETTE, Servante d'Argan.

Présentez les personnages
d'une histoire de famille
que vous connaissez
(roman, pièce de théâtre, film)

L'ENQUÊTE COMMENCE

  A 6 AVRIL

Patrick Ferrand est guide à Chenonceaux.

Agnès D : Votre beau-frère a disparu depuis le 1er avril. Vous savez quelque chose ?

M. Ferrand : Non, je n'ai pas eu de nouvelles. Je ne sais rien.

Agnès D : Qu'est-ce que vous avez fait le 1er avril ?

M. Ferrand : J'ai travaillé jusqu'à 7 h, comme tous les jours.

Agnès D : Vous avez déjeuné chez vous ?

M. Ferrand : Oui, de midi à 2 h, nous ne travaillons pas.

Agnès D : Et le soir ?

M. Ferrand : J'ai fait une partie de cartes au café avec des amis, j'ai dîné, et j'ai regardé la télé comme tous les soirs.

CHÂTEAU DE CHENONCEAUX
Ouvert :
du 1er juillet au 31 août
de 9 h à 19 h
du 1er septembre au 30 juin
de 9 h à 12 h et de 14 h à 19 h
— Fermé pour travaux du 31 mars au 2 avril.

B 7 AVRIL

Béatrice et Florent Dupuis élèvent des chèvres et des moutons dans le Larzac, au sud du Massif central.

Agnès D : Votre mari n'est pas là ?

Béatrice : Non, il est parti depuis 6 heures, avec le troupeau.

Agnès D : Quand va-t-il rentrer ?

Béatrice : D'habitude, il est là vers 5 h. Attendez-le ! Venez. Nous allons visiter la ferme...

RAPPORT D'ENQUÊTE
SUR BÉATRICE ET FLORENT DUPUIS

Emploi du temps du 01/04

Mme Dupuis. Le matin elle est restée à la ferme. Elle a déjeuné seule. L'après-midi elle est allée faire des courses à Millau avec Mme Lambert, sa voisine. Elle est revenue vers 19 h.

M. Dupuis. Il a passé la journée dans les champs avec son troupeau. Il est parti vers 6 h et il est revenu vers 20 h. Personne n'a vu M. Dupuis entre 6 h et 20 h.

C

René Dupuis a 32 ans. Il est étudiant à l'université depuis 10 ans. Il a passé quatre fois son baccalauréat avant de réussir. Il est resté pendant trois ans en première année de droit à l'université de Nantes. Puis, il a passé trois ans en Angleterre. Depuis cinq ans, il étudie l'histoire de l'Art à Bordeaux.

Agnès D : Vous vous levez maintenant?

René D : Oui, je me suis couché à 5 h.

Agnès D : Ah, vous travaillez la nuit?

René D : Euh... quelquefois... Mais, hier soir, nous avons fêté l'anniversaire d'un ami.

Agnès D : Je vois... Vous vous êtes bien amusés. Du champagne.. du caviar... Où trouvez-vous l'argent pour acheter tout ça?

René D : Je me débrouille.

Agnès D : Et le 1er avril?

René D : Non! Je n'ai pas kidnappé mon oncle! Vous pouvez regarder dans le placard. Le 25 mars, je suis parti chez des amis dans les Pyrénées.

Agnès D : Vous êtes resté longtemps?

René D : Dix jours.

Agnès D : Donnez-moi le nom et l'adresse de vos amis.

LEÇON 3

VOCABULAIRE ET GRAMMAIRE

■ LE PASSÉ COMPOSÉ

1. Cas général → avoir + participe passé

J'ai mangé
Tu as mangé
Il/elle/on a mangé
Nous avons mangé
Vous avez mangé
Ils/elles ont mangé

• Tu as mangé?
Est-ce que tu as mangé?
– Non, je n'ai pas mangé.

2. Cas des verbes aller – venir – entrer – sortir – arriver – partir – monter – descendre – rester – rentrer – tomber

→ **être + participe passé**

Je suis allé(e)
Tu es allé(e)
Il/elle/on est allé(e)
Nous sommes allé(e)s
Vous êtes allé(e)s
Ils/elles sont allé(e)s

• Vous êtes allés au cinéma?
Est-ce que vous êtes allés au cinéma?

• Non, nous ne sommes pas allés au cinéma.

Attention! Pierre est parti – Mireille est partie
Pierre et Mireille sont partis – Mireille et Annie sont parties

3. Cas des verbes pronominaux → être + participe passé

Je me suis levé(e)
Tu t'es levé(e)
Il/elle/on s'est levé(e)
Nous nous sommes levé(e)s
Vous vous êtes levé(e)s
Ils/elles se sont levé(e)s

• Vous vous êtes levé(e) tôt?
Est-ce que vous vous êtes levé(e) tôt?

Non, je ne me suis pas levé(e) tôt.

Le participe passé
(verbes en (-**er** → **é**) regarder → regardé fermer → fermé
prendre → pris comprendre → compris apprendre → appris
voir → vu avoir → eu savoir → su devoir → dû vouloir → voulu pouvoir → pu
dormir → dormi sortir → sorti finir → fini partir → parti
être → été faire → fait mettre → mis lire → lu venir → venu ouvrir → ouvert (autres verbes voir p. 215)

J'ai bien mangé!

M. Legrand?

Il est parti, hier.

■ SITUER DANS LE TEMPS

• Il est parti à Madrid le 2 août à 8 h.
  Avant le 3 août.
  Après les fêtes du 14 juillet.
• Il est parti **hier**.

• Il va rester à Madrid **jusqu'**au 5 août.
• Il va partir de Madrid **après-demain**.

JUILLET	AOUT				
31	1ᵉʳ	2	3	4	5
	avant-hier	hier	aujourd'hui	demain	après-demain

• **Quand** est-il parti? — **A quelle heure** ...? **Quel jour** ...?
Jusqu'à quand va-t-il rester?

■ EXPRIMER LA DURÉE

Il est parti à Bonn le 2 septembre.
Il est revenu le 10 septembre.
Il est resté **du 2 au** 10 septembre.
Il est resté **pendant** 9 jours.

Rester
- 2 heures
- 3 jours
- **pendant** 2 heures / 3 jours
- **longtemps**

SEPTEMBRE												
1ᵉʳ	2	3	4	5	6	7	8	9	10	11	12	13

aujourd'hui

Je suis parti à Athènes le 4 septembre.
Je suis à Athènes **depuis** le 4 septembre.
Je suis à Athènes **depuis** 10 jours.

• **Pendant combien de temps** est-il resté à Bonn?
Depuis combien de temps êtes-vous à Athènes?
Depuis quand êtes-vous à Athènes?

■ LA RÉPÉTITION DE L'ACTION

Il écrit à sa mère **une fois/deux fois/trois fois... par mois**. Il écrit **quelquefois**.

■ LES ÉTUDES

• une école
  un collège } un élève
  un lycée

l'Université : un étudiant

• un examen : le baccalauréat (le bac) — la licence — le doctorat
passer un examen → réussir/échouer
                le résultat
• étudier : la littérature/les langues/l'histoire/la géographie
            les sciences/les mathématiques/la médecine/le droit
• un étudiant en médecine/en droit/en sciences/en lettres...
• un étudiant étranger — un étranger/une étrangère

ACTIVITÉS

A PHONÉTIQUE

[ʒ]
L'ami de Jacques reste dix jours.
Bonjour! Où déjeunez-vous?
Quel âge as-tu?

MÉCANISMES

• *Aujourd'hui, je déjeune au restaurant.*
 Hier aussi, j'ai déjeuné au restaurant.
• *Aujourd'hui, je déjeune au restaurant.*
 Mais hier, je n'ai pas déjeuné au restaurant.

---

1. COMPLÉTEZ *avec les verbes entre parenthèses à la forme qui convient*

(attendre) Hier soir, devant le cinéma, Annie . . . Pierre jusqu'à 9 h.
(regarder - voir) Hier soir nous . . . la télévision. Nous . . . un bon western.
(avoir - commencer - finir) Hier, j'. . . une longue journée de travail.
J'. . . à 8 h le matin et . . . très tard dans la soirée.
(mettre) Hier soir, pour aller au théâtre, Annie . . . sa nouvelle robe. Moi, j'. . . mon costume noir.
(dîner) D'habitude, M. et Mme Martin . . . à 7 h. Mais le soir de leur arrivée à Broussac ils . . . à 9 h, chez leurs voisins.

---

2. RÉPONDEZ

Est-ce que M. Dupuis a eu une réunion le 22 mars à 19 h?
Est-ce qu'il a passé le week-end du 30 mars chez ses amis?
Est-ce qu'il a envoyé le contrat de M. Fontaine?
Est-ce que Nicole a vu M. Dupuis depuis le 1er avril?
Est-ce que M. Fontaine a téléphoné depuis le 1er avril?
Est-ce que M. Ferrand a travaillé le 1er avril?

---

3. RAPPELEZ-VOUS LA SCÈNE DU 6 JUIN *dans l'histoire « Un printemps à Paris » p. 32.*

Nous sommes devant la Comédie-Française.
Nicolas Legrand arrive

• *À quelle heure la pièce a-t-elle commencé?*
• *Depuis quelle heure Sylvie attend-elle Nicolas?*
• *Depuis quand Nicolas connaît-il Roland Brunot?*
• *Est-ce qu'ils restent jusqu'à la fin de la pièce?*

B PHONÉTIQUE

CONSONNE + [R]
Béatrice élève des chèvres dans
le Massif central.
L'entrée est gratuite.
Il faut attendre la lettre du directeur.

MÉCANISMES

• *Aujourd'hui, je vais au cinéma.*
 Hier aussi, je suis allé au cinéma.
• *Aujourd'hui, je vais au cinéma.*
 Mais hier, je ne suis pas allé au cinéma.

4. COMPLÉTEZ LES PASSÉS COMPOSÉS avec « être » ou « avoir »

Chers parents,

Enfin nous sommes en Grèce. Le pays de mes rêves!
Nous . . . arrivés le 2 août et nous . . . restés 4 jours à Athènes.
Nous . . . vu bien sûr le Parthénon et Michel . . . pris beaucoup de photos. Puis nous
. . . loué une voiture et nous . . . partis pour le sud du pays. Nous . . . visité tous
les sites de l'ancienne Grèce. C'est magnifique! Jacques . . . voulu goûter à la cui-
sine grecque et nous . . . allés dans quelques très bons restaurants. J' . . . trouvé de
très jolies choses à acheter. Vous allez voir ça bientôt. Nous rentrons le 28.

Je vous embrasse,
Dominique

5. AGNÈS DAROT INTERROGE la femme de M. Ferrand (Mireille Dupuis), Béatrice Dupuis et Florent Dupuis. *Jouez les scènes ou rédigez les dialogues.*

« Qu'est-ce que vous avez fait le 1er avril? Qu'est-ce que votre mari a fait . . . ? »

6. REGARDEZ CES PHOTOS. *Imaginez un titre de presse correspondant à chaque image et racontez.*

LEÇON 3 | ACTIVITÉS

PHONÉTIQUE	MÉCANISMES
CONSONNE + [l] *Quel est l'emploi du temps de Florent ?* *S'il vous plaît ? Où est la place Monge ?* *On ne trouve plus la clé de la classe.*	• *Aujourd'hui, je me lève à 8 heures.* *Hier aussi, je me suis levé à 8 heures.* • *Aujourd'hui, je me lève à 8 heures.* *Mais hier, je ne me suis pas levé à 8 heures.*

7. VOICI LE RÉCIT de la journée d'un homme tranquille : Charles Dupont

Charles Dupont a 70 ans. Il est écrivain. Tous les jours il se réveille à 8 h précises. Il se lève. Il prend un bain d'une demi-heure et s'habille lentement devant la glace. Puis il sort, achète le journal et va dans un café pour prendre son petit déjeuner. Ensuite, il se promène dans le parc de la ville jusqu'à midi. A midi, il déjeune à la Brasserie d'Alsace, puis il rentre chez lui et il écrit pendant 6 heures. Le soir, il reste chez lui, se prépare un sandwich devant la télévision et se couche toujours à 10 h.

a. Racontez la journée d'hier de Charles Dupont

« Hier, M. Dupont s'est réveillé . . . . »

b. Le 1er avril à 7 h du matin un coup de téléphone a changé les habitudes de Charles Dupont.

« Allô, M. Dupont, ici le journal ''Le Jour'' ! Vous avez le prix Goncourt (grand prix littéraire). Nous arrivons. » **Racontez la journée de Charles Dupont.**

8. DIALOGUEZ AVEC VOTRE VOISIN(E)

« Qu'est-ce que vous avez fait hier ? ce week-end ?
pendant les vacances ?
Où est-ce que vous êtes allé(e) ? Qu'est-ce que vous avez vu ? »

9. AU MOIS DE FÉVRIER, M. Dupuis a invité un client américain, M. John Mead. Nicole Barbier a fait le programme de son séjour en France.

6 février	Départ de New York à 13 h Arrivée à Paris (Roissy-Charles de Gaulle) à 22 h 45
7 - 8 février	Visite de Paris
9 février	Rencontre avec des grands couturiers parisiens
10 février	Départ pour Lyon en TGV à 10 h Arrivée à 12 h Déjeuner et visite de l'entreprise Frantexport
11 - 12 février	Réunion de travail - Le 12 à 17 h cocktail offert par M. Dupuis
13 février	Départ pour Nice en TGV - Arrivée à 14 h - Visite de la ville
14 - 15 - 16 février	Visite des environs de Nice
17 février	Retour à Lyon - Arrivée à 13 h - Réunion de travail l'après-midi
18 février	Réunion de travail - Le soir dîner d'adieu
19 février	Départ de Lyon pour New York 9 h - Arrivée New York à 12 h

Répondez

a. • *Pendant combien de temps M. Mead est-il resté en France?*
• *Combien de jours est-il resté à Paris?*
• *Quel jour est-il parti de Paris?*
• *Combien de journées de travail a-t-il eues?*

b. Le 12 février, pendant le cocktail, un invité pose les questions suivantes à M. Mead. Que répond-il?

• *Depuis combien de temps êtes-vous à Lyon?*
• *Quand êtes-vous arrivé à Paris?*
• *Jusqu'à quand allez-vous rester à Lyon?*
• *Combien de temps allez-vous rester à Nice?*

---

10. DIALOGUEZ AVEC VOTRE VOISIN(E) *sur les sujets suivants*

a. Les études en français *Depuis combien de temps apprenez-vous le français?*
b. Les sports-les loisirs *Quel sport pratiquez-vous? Depuis combien de temps?*
c. Le logement *Depuis combien de temps habitez vous à ...?*
Avant, où avez-vous habité? Pendant combien de temps ...?
d. Autres sujets *Êtes-vous marié? Depuis quand...?*

---

11. ÉCOUTEZ CES ÉTUDIANTS. *Ils racontent leurs examens. Remplissez le tableau.*

Nom de l'étudiant	Discipline (lettre-langue droit etc.)	Examen (baccalauréat licence, etc.)	Résultat	Après combien de fois ...?
Pierre	droit	licence	il a réussi	du premier coup (la première fois)
Catherine	....	....	....	....
Michel	....	....	....	....
Juliette	....	....	....	....

---

12. AGNÈS DAROT EST À TOURS. *Elle interroge Alain Ferrand, ouvrier dans une usine de métallurgie à Tours.*

Imaginez le personnage d'Alain Ferrand et jouez la scène
(peut-être est-il coupable?)

---

13. RÉDIGEZ LE RAPPORT D'ENQUÊTE D'AGNÈS DAROT

a. Sur Patrick Ferrand   **b. Sur René Dupuis**

LEÇON 4   L'ENQUÊTE CONTINUE

9 AVRIL

Marie Dupuis-Moreau écrit des romans. Elle habite à Trégastel, sur la côte Nord de la Bretagne. Elle raconte sa journée du 1er avril à l'inspecteur Darot.

Marie D.M. : Je me rappelle très bien. Ce jour-là, j'ai fait une rencontre extraordinaire.

Agnès D : Racontez-moi.

Marie D.M. : Le matin, je me suis promenée au bord de la mer. L'endroit était désert. Il y avait des vagues et un vent très fort. C'était magnifique !

Tout à coup, j'ai vu un homme, derrière un rocher. Il était seul. Il regardait la mer… D'abord, j'ai eu peur. Quelquefois, on rencontre des gens bizarres… Puis, l'homme a tourné la tête vers moi. C'était… Nicolas Legrand !

Agnès D : Le chanteur ?

Marie D.M. : Oui. Alors nous avons bavardé. J'ai parlé de mon dernier livre « Train de nuit ». Il a raconté son concert à l'Olympia. Ensuite nous sommes allés au restaurant…

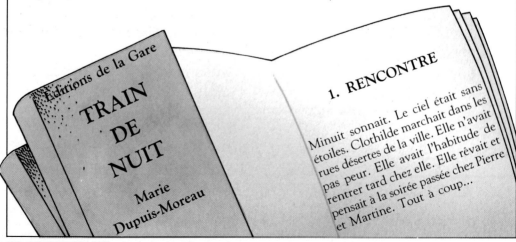

Éditions de la Gare

TRAIN DE NUIT

Marie Dupuis-Moreau

1. RENCONTRE

Minuit sonnait. Le ciel était sans étoiles. Clothilde marchait dans les rues désertes de la ville. Elle n'avait pas peur. Elle avait l'habitude de rentrer tard chez elle. Elle rêvait et pensait à la soirée passée chez Pierre et Martine. Tout à coup…

B

Michel Dupuis, gardien au Casino de Deauville, raconte sa vie.

Michel D : Ah! Inspecteur! J'ai eu une vie extraordinaire. A 20 ans, je ne balayais pas l'escalier du Casino. J'étais tous les soirs devant la table de jeu... Je me rappelle.
J'ai commencé à jouer un 31 décembre. Le 1er janvier, j'étais riche. Alors, j'ai continué à jouer. C'était formidable! Je gagnais! Je gagnais!
J'avais des voitures magnifiques, un bel appartement à Paris, une villa sur la Côte d'Azur... Mais un soir, j'ai tout perdu. C'était un 1er avril.

Agnès D : Vous vous êtes arrêté de jouer?

Michel D : Oui, mais j'aime encore le jeu. Alors, tous les ans, le 1er avril, j'entre au Casino et je mets 100 F sur le 1, toujours sur le 1.

Agnès D : Vous gagnez?

Michel D : Jamais!

C

Agnès Darot va prendre l'avion.

Agnès D : Je voudrais un billet pour Londres.

L'employée : Vous avez une réservation?

Agnès D : Non.

L'employée : Il n'y a plus de place sur le vol de 14 h. Mais sur le vol de 15 h, il y a encore quelques places.

Agnès D : Bien. Je vais partir à 15 h.

L'employée : En zone fumeurs ou non-fumeurs?

Agnès D : Non-fumeurs, s'il vous plaît.

	DÉPART PARIS			RETOUR		
	JOURS	DÉPART	ARRIVÉE	JOURS	DÉPART	ARRIVÉE
LONDRES	123456 1234567	08 00 08 30	08 00 08 30	123456 1234567	06 40 08 30	08 40 10 30
	12345 123456	14 00 15 00	14 00 15 00	12345 123456	14 00 15 30	16 00 17 30

VOCABULAIRE ET GRAMMAIRE

■ L'IMPARFAIT

Regarder
Je regardais
Tu regardais
Il/elle/on regardait
Nous regardions
Vous regardiez
Ils/elles regardaient

regarder → je regardais

avoir → j'avais   être → j'étais   faire → je faisais
dire → je disais   venir → je venais   il y a → il y avait

• Il regardait la montagne ?
Est-ce qu'il regardait la montagne ?
Regardait-il la montagne ?
• Non, il **ne** regardait **pas** la montagne

■ PASSÉ COMPOSÉ OU IMPARFAIT ?

Le 25 mars... A huit heures... Je suis allé au théâtre. ——————→	On jouait « Les Femmes savantes ». La pièce était excellente.
A l'entracte... ... j'ai rencontré Christine ... ——→	elle avait une belle robe bleue.
... nous avons bavardé ... ——→	elle aimait bien la pièce ...

Quand j'**étais** jeune, je **restais** en mer pendant 6 mois, sans revenir ...
Un jour, je me rappelle, nous avons pêché un poisson de 200 kilos.

Quand j'habitais à Paris, j'**allais tous les jours** au jardin du Luxembourg et **tous les soirs** j'**allais** au cinéma ou au théâtre.

■ RACONTER

D'abord ... puis ... ensuite ... tout à coup ... alors ... enfin/à la fin ...

■ LA MER

la mer/l'océan - une vague
la plage - le sable - un rocher

se baigner
pêcher
se promener
marcher
courir sur la plage

Courir
Je cours
Il court
Nous courons
Ils courent

■ LE JEU/JOUER

• un casino
  une salle de jeu
• gagner - perdre

Je joue		
Tu joues	aux cartes	du violon
Il/elle joue	au billard	du piano
Nous jouons	au football	de la trompette
Vous jouez	au tennis	de la flûte
Ils/elles jouent		

■ COMMENCER À ... S'ARRÊTER DE ...

elle commence à
elle continue à
elle s'arrête de
elle finit de

travailler à 8 h

■ JOUR/JOURNÉE

Il est resté 3 jours.
Il a été absent 2 jours.

Il est resté toute la journée.
Il a été absent une journée.

■ LES TRANSPORTS

• le train
  l'avion
  le bateau
  le car
  l'autobus (le bus)
  le taxi
  le métro

• aller en train, en avion...
  aller à pied

• prendre le train, l'avion...

• l'horaire — le départ/l'arrivée
• un billet (de train/d'avion...)
  un ticket (de bus/de métro...)
• faire une réservation...
  pour le vol Paris/Munich
  pour le train de 8 h 30 pour Marseille
  en zone fumeur/non-fumeur

Pardon, Madame,
cette place est occupée?

Non, Monsieur. Elle est libre.

• Est-ce qu'il y a de la place dans le train?
                                    à l'hôtel?
                                    au théâtre?

→ Oui, il y a de la place.
→ Non, il n'y a pas de place. C'est complet.

■ ENCORE/NE ... PLUS

Quantité :

• Il y a encore de la place?
– Non, il n'y a plus de place.
• Vous voulez encore du poulet?
– Non, merci, je n'ai plus faim.

Continuité :

• Elle est encore malade?
– Non, elle n'est plus malade.
• Vous habitez encore à Paris?
– Non, je n'habite plus à Paris.

LEÇON 4   *ACTIVITÉS*

PHONÉTIQUE	MÉCANISMES
[pl] - [pR] - [bl] - [bR], etc. *Elle s'est promenée sur la plage.* *Ce placard est pratique.* *Mon oncle est brun. Il a un blouson bleu.*	• *Il est entré. Nous bavardions.* *Nous bavardions quand il est entré.* • *Elle est arrivée. Je lisais.* *Je lisais quand elle est arrivée.*

1. METTEZ LES VERBES ENTRE PARENTHÈSES à l'imparfait

*René Dupuis (**dormir**) quand Agnès Darot est arrivée chez lui — Quand Mireille a passé son baccalauréat, elle (**avoir**) 18 ans — Je (**porter**) ma robe bleue quand j'ai vu Nicolas pour la première fois — Nous (**écouter**) la radio, quand Pierre a téléphoné — En 1980, vous (**avoir**) quel âge? — Ils (**chercher**) un appartement depuis longtemps quand ils ont trouvé ce charmant deux pièces — Je me rappelle. Tu (**être**) dans ton bureau. Tu (**étudier**) des dossiers quand Stéphanie est tombée dans l'escalier.*

2. METTEZ LES VERBES AU TEMPS QUI CONVIENT
(imparfait ou passé composé)

a. Sylvie devant la Comédie-Française
*Sylvie (**attendre**) depuis une heure quand Nicolas (**arriver**). Elle (**connaître**) bien Nicolas. Ils (**être**) amis depuis longtemps. Elle (**savoir**) qu'il arrivait souvent en retard. Mais ce soir-là, elle (**se mettre**) en colère. Elle (**rentrer**) chez elle.*

b. La « nuit des bruits » dans la maison de Broussac
*Il (**être**) 2 h du matin. M. et Mme Martin (**dormir**). Tout à coup Mme Martin (**entendre**) des bruits bizarres. Ces bruits (**venir**) du rez-de-chaussée. Mme Martin (**réveiller**) son mari. M. Martin (**descendre**) mais il n'y (**avoir**) personne. M. et Mme Martin (**mal dormir**) cette nuit-là.*

3. RACONTEZ D'APRÈS LES ÉLÉMENTS DU TABLEAU

a. une mauvaise rencontre	Nicole et Denis jouent dans la campagne.
Tout à coup, ils voient un chien	C'est un gros chien méchant. Il est au milieu du chemin
Nicole et Denis ont peur. Ils courent mais	Le chien court après eux
Ils voient une vieille maison	La porte est ouverte
Ils entrent et ils referment vite la porte. Ouf!	
b. une bonne rencontre	
Je vais chez des amis	Il y a beaucoup de monde — on danse — on boit
Je rencontre un jeune homme	Il est sympathique et amusant
Nous bavardons toute la soirée	Il parle de ses voyages, de son travail. C'est passionnant
Il prend mon numéro de téléphone	

4. ILS RACONTENT LEURS VACANCES... *Faites-les parler... des gens... de leur hôtel... des paysages*

5. IMAGINEZ LA SUITE DU ROMAN *de Marie Dupuis-Moreau.*
Qu'est-il arrivé à Clothilde?

B

PHONÉTIQUE

[jɛ̃] / [ɛ] - [jɔ̃] / [ɔ̃]
Nous allions − Nous allons
Vous alliez − Vous allez
Nous dansions − Nous dansons

MÉCANISMES

• *Hier, je suis allé au théâtre.*
 Quand j'habitais à Paris,
 j'allais souvent au théâtre.
• *Hier, je me suis couché tard.*
 Quand j'habitais à Paris,
 je me couchais souvent tard.

---

6. VOICI LE RÉSULTAT *des matchs de football. Classez les équipes*

BORDEAUX	0	– PARIS	1
MARSEILLE	3	– TOULOUSE	1
BORDEAUX	2	– MARSEILLE	1
PARIS	2	– TOULOUSE	0
MARSEILLE	2	– PARIS	2
BORDEAUX	1	– TOULOUSE	0

1er . . . .
2e . . . .
3e . . . .
4e . . . .

LEÇON 4 ACTIVITÉS

---

7. CONTINUEZ LES PHRASES SUIVANTES :

- *Quand Michel Dupuis avait 20 ans, il allait . . .*
- *Quand M. et Mme Martin habitaient à Orly . . .*
- *Quand j'avais 10 ans, j'habitais à . . . j'allais . . .*

---

8. ELLE RACONTE SES SOUVENIRS. FAITES-LA PARLER

9. IMAGES DU PASSÉ. Qu'est-ce qui a changé?

Décrivez « *Il y avait . . . Les gens portaient . . .* »

Images de Paris au début du XXᵉ siècle.

---

10. INTERROGEZ VOTRE VOISIN(E) sur ses souvenirs

« *Quand vous étiez enfant, où est-ce que vous habitiez?*
vous étiez un bon élève?
à quoi est-ce que vous jouiez? »

« *Quand vous aviez 12 ans est-ce que vous aimiez le chanteur . . . ?*
les livres de . . . ? »

---

11. RÉDIGEZ LE RAPPORT d'enquête d'Agnès Darot sur Mme Moreau et Michel Dupuis

---

12. ÉCOUTEZ. *Nous sommes le mardi 10. Il est 16 h. Michel raconte ses activités de lundi et de mardi. Notez-les avec précision sur l'agenda*

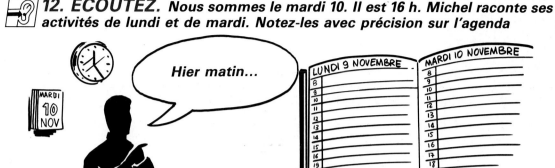

Hier matin...

LUNDI 9 NOVEMBRE	MARDI 10 NOVEMBRE
8	8
9	9
10	10
11	11
12	12
13	13
14	14
15	15
16	16
19	17
20	18

PHONÉTIQUE	MÉCANISMES
[b] - [v] *Elle s'habille bien, mais le vert ne lui va pas.* *Je voudrais un billet pour Berlin.* *Il va à Genève par le vol de midi.*	• *Il y a encore de la place ?* *Oui, il y a encore de la place.* *Non, il n'y a plus de place.*

13. CHOISISSEZ VOTRE MOYEN DE TRANSPORT... *ou allez à pied !*

Comment préférez-vous... aller au travail (au bureau, à l'école),
aller dans un pays étranger,
aller faire des achats ?

visiter Paris, Londres, Rome, New York,
visiter votre pays,
visiter un pays étranger,
visiter une région de montagnes, une région du bord de la mer ?

« *J'aime bien aller au bureau, en autobus...* »

14. FAITES-LES PARLER

Il réserve
une place sur le vol de ...

Elle prend
un billet de train

Ils demandent
une chambre à l'hôtel

LEÇONS

COUP DE THÉÂTRE

12 AVRIL

A

Agnès Darot est à Londres. Elle veut interroger Jane Britten. Elle a besoin d'une interprète.

Jane B : Would you like some tea?

Agnès D : Qu'est-ce que ça veut dire?

L'interprète : Elle demande si vous voulez du thé.

Agnès D : Volontiers.

Jane B : Mary! Would you bring some tea, please!

Agnès D : Qu'est-ce qu'elle dit?

L'interprète : Elle demande à son assistante d'apporter du thé.

Agnès D : Demandez-lui où elle était le 1er avril?

L'interprète : Elle dit qu'elle était en France, à l'hôpital de Nice. Le 29 mars, elle a eu un accident de voiture. Elle s'est cassé une jambe. Elle est restée quatre jours à l'hôpital.

B

Docteur Pierre Irigoyen

Mr Gérard Dupuis

Tonuse, deux cuillerées à soupe matin et midi.
Somnil, 1/2 comprimé avant le coucher.

Pendant ce temps, chez un médecin, dans un village des Pyrénées...

Le médecin : Vous avez encore mal à la tête?

M. Dupuis : Non docteur, c'est fini.

Le médecin : Vous n'êtes plus fatigué?

M. Dupuis : Non, ça va, mais je ne dors pas très bien.

Le médecin : Bon, je vous donne un médicament pour dormir et je vous demande de faire une heure de sport tous les jours. Vous allez très bien maintenant. Retournez vite à Lyon. Vos amis sont inquiets. Vous leur avez écrit? Vous leur avez téléphoné?

M. Dupuis : Non, je veux leur faire une surprise.

C

*Les secrétaires
de M. Dupuis
arrivent au bureau.
M. Dupuis les attend.*

Gérard Dupuis : Vous êtes en retard, Mesdames!

Nicole : Monsieur Dupuis! Où étiez-vous? Tout le monde vous cherche.

Gérard Dupuis : Je suis allé dans les Pyrénées.

Nicole : Mais pourquoi?

Gérard Dupuis : Pour me reposer.

Nicole : Pourquoi vous n'avez pas donné votre adresse?

Gérard Dupuis : Parce que je voulais passer 15 jours sans dossiers, sans coups de téléphone, sans problèmes.

Nicole : Monsieur Dupuis! Vous ne nous aimez pas!

Gérard Dupuis : Mais si! J'avais besoin de vacances. Venez, je vous invite au restaurant. Je vais vous raconter...

13 AVRIL
LE JOURNAL DU SOIR
ON L'A RETROUVÉ!

M. Dupuis, le PDG de Frantexport, a réussi une excellente plaisanterie de 1er avril. Rappelons que ce jour-là, il a disparu sans donner d'adresse. Son personnel, ses amis, la police l'ont cherché partout. Pendant 15 jours personne ne l'a vu. Coup de théâtre! Ce matin, il était assis à son bureau.

LEÇONS

VOCABULAIRE ET GRAMMAIRE

■ RAPPORTER UN DISCOURS

Elle dit :	Qu'est-ce qu'elle dit?	
« Le ciel est bleu »	Elle **dit que** le ciel est bleu.	dire que/qu'...
« Faites du thé! » « Ne faites pas de café! »	Elle **dit (demande)** de faire du thé. Elle **dit (demande)** de ne pas faire de café.	dire de... demander de...
« Voulez-vous du thé? » « Qui êtes-vous? » « Que faites-vous? » « Où allez-vous? » « Quand partez-vous? » « Comment partez-vous? »	Elle demande **si** vous voulez du thé. Elle demande **qui** vous êtes. Elle demande **ce que** vous faites. Elle demande **où** vous allez. Elle demande **quand** vous partez. Elle demande **comment** vous partez.	demander si... qui... ce que... où... quand... comment...

■ INTERROGER SUR LE SENS

• *Qu'est-ce qu'il dit/demande?*
• *Qu'est-ce que ça veut dire?*
• *Pouvez-vous traduire, s'il vous plaît?*

un texte − un paragraphe − une phrase − un mot − une explication (expliquer) − une traduction (traduire)

Traduire
Je traduis *Tu traduis* *Il traduit* *Nous traduisons* *Vous traduisez* *Ils traduisent*

■ LE PRONOM COMPLÉMENT INDIRECT (remplace le complément d'objet introduit par la préposition à)

*Est-ce qu'il écrit souvent **à ses parents**? Oui, il **leur** écrit souvent.*

Il **me** téléphone Il **te** téléphone Il **lui** téléphone Il **nous** téléphone Il **vous** téléphone Il **leur** téléphone

• *Est-ce qu'Annie te téléphone souvent?*
− *Non, elle ne me téléphone pas souvent.*
• *Est-ce qu'il a parlé à Christine?*
− *Oui, il lui a parlé.*
• *Est-ce qu'il a envoyé une lettre à son frère?*
− *Non, il ne lui a pas envoyé de lettre.*

Attention! : *Est-ce qu'ils ont écrit à **leurs** parents?*
*− Ils **leur** ont écrit.*

■ *LE CORPS – LA SANTÉ – LA MALADIE*

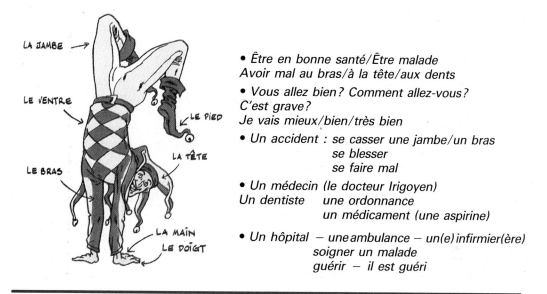

LA JAMBE →

LE VENTRE

← LE PIED

LA TÊTE

LE BRAS

LA MAIN
LE DOÏGT

- • *Être en bonne santé/Être malade*
  Avoir mal au bras/à la tête/aux dents
- • *Vous allez bien? Comment allez-vous?*
  C'est grave?
  Je vais mieux/bien/très bien
- • *Un accident : se casser une jambe/un bras*
  se blesser
  se faire mal
- • *Un médecin (le docteur Irigoyen)*
  Un dentiste   une ordonnance
  un médicament (une aspirine)
- • *Un hôpital – une ambulance – un(e) infirmier(ère)*
  soigner un malade
  guérir – il est guéri

■ *LE PRONOM COMPLÉMENT DIRECT* (sans préposition)

*Vous connaissez **les romans de Victor Hugo**? Oui je **les** connais*

Je l'aime!

Je le déteste!

*Elle **me** connaît*
*Elle **te** connaît*
*Elle **le** connaît*
*Elle **la** connaît*
*Elle **nous** connaît*
*Elle **vous** connaît*
*Elle **les** connaît*

- • *Est-ce que Roland Brunot **vous** connaît?*
- – *Non, il ne me connaît pas.*
- • *Est-ce qu'on a retrouvé M. Dupuis?*
- – *Oui, on l'a retrouvé.*
- • *Est-ce que vous avez lu les romans de Jane Britten?*
- – *Non, je ne les ai pas lus.*

■ *LA CAUSE ET LE BUT*

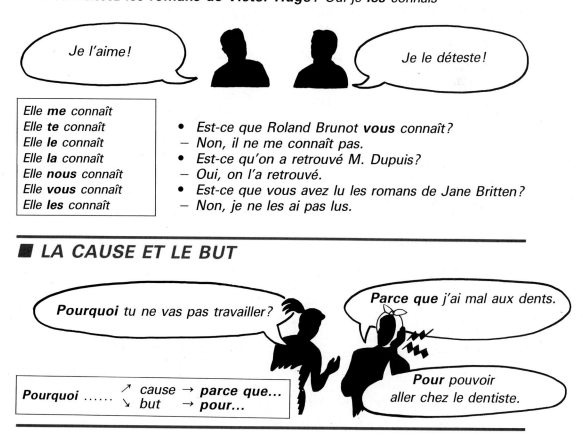

***Pourquoi** tu ne vas pas travailler?*

***Parce que** j'ai mal aux dents.*

***Pour** pouvoir aller chez le dentiste.*

Pourquoi	↗ cause →	***parce que...***
	↘ but →	***pour...***

LEÇONS   *ACTIVITÉS*

A   *PHONÉTIQUE*

ENCHAÎNEMENT

Elle a eu un accident.

Venez lundi à une heure.

J'ai ouvert la porte à un ami.

MÉCANISMES

- **« J'ai faim. »** ... *Qu'est-ce qu'il dit ?*
  Il dit qu'il a faim.
- **« Est-ce que Marie est malade ? »** ...
  Qu'est-ce qu'il demande ?
  Il demande si Marie est malade.

---

1. VOUS ÊTES L'INTERPRÈTE D'AGNÈS DAROT. *Dites ce qu'elle vous demande de dire*

- *Dites-lui que je voudrais un peu de lait dans mon thé !* **« Elle voudrait... »**
- *Demandez-lui de raconter sa journée du 1er avril.*
- *Demandez-lui si elle est restée longtemps en France.*
- *Dites-lui de ne pas mettre de sucre dans mon thé.*
- *Demandez-lui où elle habitait à Nice.*
- *Demandez-lui ce qu'elle faisait à Nice.*

---

2. LA VIEILLE DAME EST UN PEU SOURDE. *Elle vous demande ce qu'ils disent. Répondez*

Faites attention !   *N'avancez pas !*   *C'est dangereux !*

Vous êtes étrangère ?   *Qui êtes-vous ?*   *Que cherchez-vous ?*

« Ils demandent... »

---

3. JOUEZ À L'INTERPRÈTE

a. *de M. Dupuis et d'un client étranger au cours d'une réception.*

b. *d'Agnès Darot et d'Élisabeth Dupuis (fille de Jane Britten, secrétaire à Londres).*

B   *PHONÉTIQUE*

LIAISON

Vous avez mal à la tête.

Vos amis sont inquiets.

Vous leur avez téléphoné ?

MÉCANISMES

- **Est-ce que vous téléphonez à Jacques ?**
  Oui, je lui téléphone.
- **Est-ce que vous avez écrit à Jacques ?**
  Non, je ne lui ai pas écrit.

---

4. RÉPONDEZ en employant les pronoms compléments

- Est-ce que M. Fontaine téléphone souvent à M. Dupuis?
- Est-ce que M. Dupuis a envoyé le contrat à M. Fontaine?
- Est-ce que, le 29 mars, M. Dupuis a écrit à ses amis Rigaud?
- Est-ce que, le 29 mars, M. Dupuis a demandé à Nicole de rester jusqu'à 7 h?
- Est-ce que vos amis vous écrivent pour le 1er janvier?
- Est-ce que vous parlez toujours à votre voisin en français?

5. JOUEZ LES SCÈNES OU RÉDIGEZ LES DIALOGUES

a. Il est tombé.

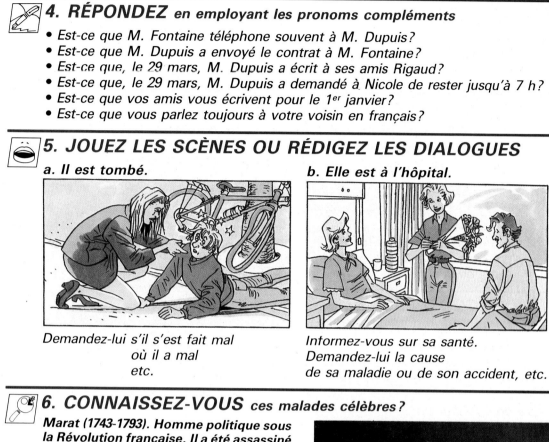

Demandez-lui s'il s'est fait mal
où il a mal
etc.

b. Elle est à l'hôpital.

Informez-vous sur sa santé.
Demandez-lui la cause
de sa maladie ou de son accident, etc.

6. CONNAISSEZ-VOUS ces malades célèbres?

Marat (1743-1793). Homme politique sous la Révolution française. Il a été assassiné dans sa baignoire. Il avait une maladie de peau.

Napoléon avait un ulcère à l'estomac.

Une malade célèbre de la littérature française : l'héroïne du roman d'Alexandre Dumas « La Dame aux Camélias ».

ACTIVITÉS

LEÇONS

---

7. RÉPONDEZ SELON L'EXEMPLE

• *Le médecin (au malade) : « Prenez ces comprimés. »*
Que dit le médecin au malade? ... Il lui dit de prendre des comprimés.
• *Le médecin (au malade) : « Ne sortez pas! Restez couché »*
Que dit le médecin au malade? ....
• *M. Dupuis (à sa secrétaire) : « Je vais à une réunion »*
Que dit M. Dupuis à sa secrétaire? ....
• *Votre ami (à vous) : « Est-ce que tu ès libre demain soir? »*
Que vous demande votre ami? ....
• *Le professeur (à nous) : « Qu'est-ce que vous avez compris? »*
Que nous demande le professeur?

---

8. ÉCOUTEZ. Cette dame ne comprend pas ce que dit le douanier. Aidez-la.

« *Il vous demande comment vous vous appelez...* »

---

9. LISEZ LA LETTRE ET RÉPONDEZ

> 6 juin
>
> Chère amie,
> Je suis à l'hôpital depuis 4 jours.
> Le 2 juin j'ai été opérée d'une appendicite.
> Je vais beaucoup mieux.
> Je vais sortir dans 2 jours.
> Amitiés,
> Nicole

• Est-ce que Nicole était à l'hôpital le 28 mai?

• Est-ce que Nicole était encore à l'hôpital le 6 juin? le 9 juin?

• Est-ce que Nicole avait encore l'appendicite le 4 juin?

PHONÉTIQUE	MÉCANISMES
[wɛ̃] *Il est dix heures moins le quart.* *Vous habitez loin d'ici?* *Ce blessé a besoin de soins.*	• **Est-ce que vous aimez les fruits?** **Oui, je les aime.** • **Est-ce que vous avez invité Nicole?** **Non, je ne l'ai pas invitée.**

---

10. RÉPONDEZ en employant le pronom qui convient

• *Est-ce qu'Agnès Darot a interrogé les membres de la famille Dupuis?*
• *Est-ce que René Dupuis aime les études?*
• *Est-ce que vos amis vous font beaucoup de cadeaux?*
• *Est-ce que vous aimez la choucroute?*
• *Est-ce que vous avez pris votre petit déjeuner ce matin?*
• *Est-ce que M. Dupuis a laissé son adresse avant de partir?*
• *Est-ce que vous avez vu « Dallas » à la télévision?*

---

11. REMPLACEZ LES MOTS SOULIGNÉS par le pronom qui convient

- M. Dupuis demande le dossier vert. Nicole apporte le dossier à **M. Dupuis**.
- Mme Grand a offert un livre à son fils. **Son fils** a lu **le livre**.
- Nicole a réussi à son examen. Jacques a félicité **Nicole** et a offert un cadeau **à Nicole**.
- Les amis de M. Dupuis sont inquiets. M. Dupuis n'a pas téléphoné **à ses amis**.
- Valérie a demandé à Sylvie d'apporter les disques de Nicolas Legrand. **Sylvie** n'a pas apporté **les disques**.
Sylvie a apporté **à Valérie** des cassettes de musique classique.

12. SELON LE MODÈLE DE CETTE PUBLICITÉ, imaginez d'autres publicités sur les slogans suivants

POUR avoir un métier intéressant
POUR rencontrer des gens de toutes nationalités
ÉTUDIEZ À L'ÉCOLE DES INTERPRÈTES
PARCE QUE les professeurs sont excellents
PARCE QUE les études ne sont pas chères

PRENEZ LE TRAIN!

VISITEZ LA FRANCE!

JOUEZ AU LOTO!

ARRÊTEZ-VOUS DE FUMER!

ACHETEZ UNE MAISON À LA CAMPAGNE!

MANGEZ DES FRUITS!

13. POURQUOI FONT-ILS CELA? Imaginez leur dialogue

Je vais chez le médecin.

J'écris à Michèle.

Je vais me lever tôt demain.

Pourquoi?

Je dois faire un régime.

Je vais au Casino.

Je vais à la gare.

14. DE QUOI ONT-ILS BESOIN? Qu'est-ce qu'ils ont besoin de faire?

1. Je ne comprends pas.

2. Je suis fatiguée.

3. Je voudrais décorer mon salon.

4. Je voudrais écrire une lettre.

5. Mon examen est dans une semaine.

6. Je suis triste.

1. « Il/elle a besoin d'une interprète, d'une traduction, d'une explication... Il/elle a besoin d'apprendre la langue »

UNITE3   BILAN

VOUS SAVEZ...

■ 1. ... UTILISER LES PRONOMS

■ *Complétez la question ou la réponse avec : quelque chose − rien (ne) − quelqu'un − (ne) personne*

• *Tu penses à quelqu'un? Non ...*
• *.......................... ? Non, personne n'est venu pendant ton absence.*
• *Tout va bien dans votre entreprise? Non, ... marche.*
• *Vous avez fait quelque chose hier soir? Non, ... je suis resté chez moi.*
• *........... a changé dans ce salon. Qu'est-ce que c'est? − Ce sont les fauteuils, ils sont neufs.*

■ *Donnez l'ordre correspondant en utilisant le verbe entre parenthèses*
Pierre est malade ... (soigner) → Soignez-le

• *Je veux vous parler demain ... (téléphoner)*
• *Vos parents sont sans nouvelles ... (écrire)*
• *Il ne faut pas m'attendre. Je vais rentrer tard ce soir ... (attendre)*
• *Ces photos sont très belles ... (regarder)*
• *Cet examen est important pour vous ... (réussir)*
• *Ce morceau de viande n'est pas bon ... (manger)*
• *Sylvie est triste. Elle a besoin de parler à quelqu'un ... (inviter)*
• *M. Dupuis est de très mauvaise humeur ... (demander quelque chose)*
• *Je vais vous raconter une histoire ... (écouter)*
• *Nous revenons dans quelques minutes ... (attendre)*

■ *Pour éviter des répétitions, remplacez les mots soulignés par des pronoms*

*M. Dupuis, PDG de l'entreprise Frantexport, est quelquefois désagréable avec son personnel. Mais les secrétaires de Frantexport aiment bien **M. Dupuis. M. Dupuis** fait des cadeaux **à ses secrétaires.** Il invite **ses secrétaires** au restaurant. Il sait être gentil avec **ses secrétaires.** Un jour M. Dupuis disparaît. Nicole, la secrétaire de direction, pense qu'il est chez ses amis. Elle téléphone **à ces amis.** Mais M. Dupuis reste introuvable. On cherche **M. Dupuis** partout. Finalement, la police fait une enquête. L'inspecteur Darot croit que le coupable est un des membres de la famille Dupuis. Elle va voir **les membres de la famille.** Elle demande **aux membres de la famille** leur emploi du temps du 1er avril. Mais avant la fin de l'enquête, M. Dupuis revient. On trouve **M. Dupuis** un matin, assis à son bureau, comme d'habitude.*

■ 2. ... RACONTER

■ *Mettez les verbes entre parenthèses au temps qui convient (passé composé ou imparfait)*

• *Jacques (**rencontrer**) Valérie, hier soir au théâtre. Elle (**être**) très belle. Elle (**avoir**) une robe magnifique.*
• *Quand j'(**être**) jeune, je (**faire**) beaucoup de sport. J'(**aller**) souvent à la piscine. Je (**jouer**) au football.*
• *Hier après-midi, nous (**se promener**) au bord de la mer. La mer (**être**) calme. L'eau (**être bonne**). Nous (**se baigner**) et nous (**courir**) sur la plage.*

■ *Elle raconte sa promenade et décrit les lieux où elle est passée*

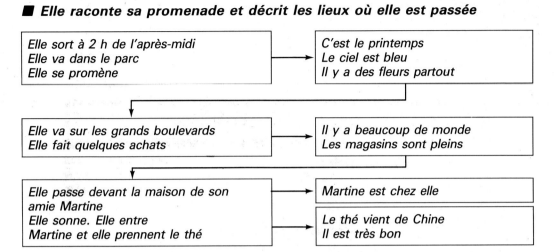

Elle sort à 2 h de l'après-midi Elle va dans le parc Elle se promène	C'est le printemps Le ciel est bleu Il y a des fleurs partout
Elle va sur les grands boulevards Elle fait quelques achats	Il y a beaucoup de monde Les magasins sont pleins
Elle passe devant la maison de son amie Martine Elle sonne. Elle entre Martine et elle prennent le thé	Martine est chez elle Le thé vient de Chine Il est très bon

« Hier, elle est sortie à 2 h de l'après-midi ...... »

■ 3. ... SITUER DANS LE TEMPS – EXPRIMER LA DURÉE

■ *Nous sommes le 8 avril (voir p. 121). Répondez*

Depuis quel jour Agnès Darot a-t-elle commencé son enquête?
Depuis combien de temps M. Dupuis a-t-il disparu?
Quand Agnès Darot va-t-elle partir en Angleterre?
Depuis combien de temps René étudie-t-il l'histoire de l'Art?
Pendant combien de temps est-il resté en Angleterre?

■ 4. ... EXPRIMER LA CAUSE OU LE BUT

■ *Reliez les questions et les réponses*

a. *Pourquoi appelle-t-il le médecin?*   **1.** *pour l'anniversaire de son fils*
b. *Pourquoi Agnès Darot interroge-t-elle Rémi Dupuis?*   **2.** *parce qu'il a beaucoup de travail*
c. *Pourquoi M. Dupuis est-il allé dans les Pyrénées?*   **3.** *pour jouer*
d. *Pourquoi se couche-t-il tard?*   **4.** *pour se reposer*
e. *Pourquoi entre-t-elle dans une pharmacie?*   **5.** *parce qu'il a réussi à son examen*
f. *Pourquoi va-t-il au Casino?*   **6.** *parce qu'il est malade*
g. *Pourquoi fait-elle ce gâteau?*   **7.** *pour acheter des médicaments*
h. *Pourquoi le félicitez-vous?*   **8.** *parce qu'il est peut-être coupable*

■ 5. ... PARLER DU FUTUR – *Qu'est-ce qu'ils vont faire?*

UNITE3 · BILAN

VOUS SAVEZ...

■ 6. ... RAPPORTER UN DISCOURS

■ *Qu'est-ce qu'ils disent? Qu'est-ce qu'ils demandent?*

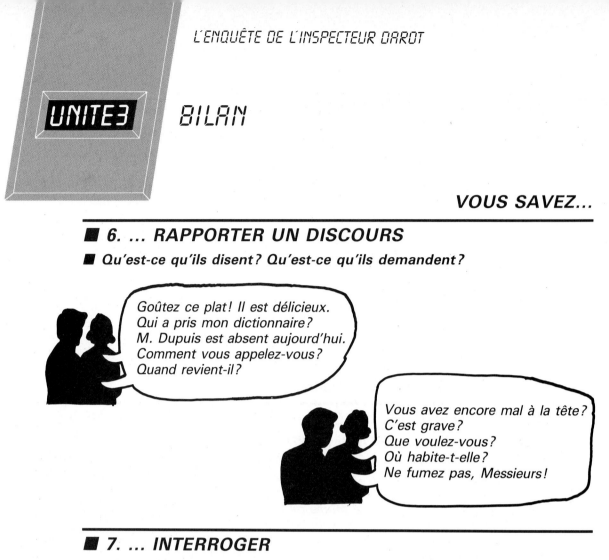

Goûtez ce plat! Il est délicieux.
Qui a pris mon dictionnaire?
M. Dupuis est absent aujourd'hui.
Comment vous appelez-vous?
Quand revient-il?

Vous avez encore mal à la tête?
C'est grave?
Que voulez-vous?
Où habite-t-elle?
Ne fumez pas, Messieurs!

■ 7. ... INTERROGER

■ **Trouvez les questions**

• *Il me demande de faire du sport.*
• *Je vais sortir de l'hôpital dans 10 jours.*
• *Non, vous n'êtes pas malade.*
• *Je vais mieux. Mais j'ai encore un peu mal au bras.*

• *Il habite à Paris depuis 1970.*
• *Elle est partie en voyage le 1ᵉʳ août.*
• *Elle est restée un mois en Grèce.*

■ 8. ... DONNER UN AVIS – UNE OPINION

■ *Donnez votre avis ... sur ces vêtements*

■ *Donnez votre avis sur les personnages de l'histoire*
« L'enquête de l'inspecteur Darot »
        Choisissez trois personnages et dites ce que vous pensez d'eux.

■ 9. ... DÉCRIRE LES PERSONNES

■ *Décrivez ces personnages des histoires d'Astérix.*

■ 10. ... PARLER...

1. DES PARTIES DU CORPS
Où a-t-il mal ?

2. DE LA FAMILLE
Continuez les phrases selon le modèle
Le frère de mon père, c'est mon oncle

- *Le fils de mon oncle, c'est ....*
- *La fille de mon oncle, c'est ....*
- *Les enfants de mon fils, ce sont ....*
- *Le mari de ma sœur, c'est ....*
- *La sœur de mon père, c'est ....*

3. DE L'ENTREPRISE
Complétez ces phrases

Un PDG .... une entreprise.
Il ne sait pas faire son travail. Il est ....
Notre contrat est prêt. Nous pouvons le ...
Vous cherchez un numéro de téléphone ?
Regardez dans ... ou demandez aux ...

4. DES TRANSPORTS
Complétez ces phrases

J'ai téléphoné à AIR FRANCE pour faire une ... sur le vol Paris/New York de 10 h. Mais il n'y avait plus de ... . Le vol était ... . J'ai pu avoir une place sur le ... de 14 h.

5. DE LA MALADIE, DE LA SANTÉ

> ### Faites votre bilan santé
> - *Êtes-vous malade ? ... souvent ☐ quelquefois ☐ jamais ☐*
> - *Avez-vous été blessé ? ... C'était grave ☐ sans gravité ☐*
> - *Dormez-vous ... bien ? ☐ mal ☐ très mal ☐*
> - *Combien d'heures dormez-vous par nuit ? ...*
> - *Vous vous réveillez en forme ☐ fatigué(e) ☐ très fatigué(e) ☐*
> - *Est-ce que vous mangez beaucoup ☐ normalement ☐ pas beaucoup ☐*
> - *Vous faites du sport ? ... Quel(s) sport(s) ? ...*
> *Combien de fois par semaine ? Depuis combien de temps ?*

■ LE VOYAGE DE L'INSPECTEUR DAROT

Retrouvez les lieux où vivent les personnages de l'histoire.

LE CHÂTEAU DE CHENONCEAUX

Les bords de la Loire sont une région de paysages calmes au climat doux.
Ils sont célèbres pour de magnifiques châteaux construits au XVIe siècle : Azay-le-Rideau – Chambord – Chenonceaux.

LE LARZAC

C'est un plateau sec et pauvre au sud du massif Central : quelques fermes (souvent abandonnées) et de grands troupeaux de moutons.
On y produit un fromage célèbre, le roquefort.

BORDEAUX

La capitale du sud-ouest de la France (avec Toulouse).
C'est une ville de 650 000 habitants et un grand port de commerce.
On y trouve beaucoup d'industries mais la région est surtout célèbre pour les vins de Bordeaux exportés dans le monde entier.

LA BRETAGNE

Région de côtes rocheuses et de landes. La Bretagne vit surtout de la pêche et de l'agriculture.
On y trouve de grandes pierres dressées (les menhirs), vestiges d'une ancienne civilisation.

DEAUVILLE

C'est une plage célèbre de Normandie et c'est aussi la plage de Paris (Paris est à 2 h de route).
La Normandie est très visitée pour ses plages, ses paysages verts (il faut voir la région quand les pommiers sont en fleurs).

LYON

C'est la deuxième ville de France.
C'est un grand centre industriel (textile, industries chimiques et métallurgiques), commercial et culturel.

De haut en bas et de gauche à droite :
• *Les bords du Rhône à Lyon.*
• *Le château de Chenonceaux.*
• *La Grosse Cloche et la place de la Victoire à Bordeaux.*
• *Paysage du Larzac, dans l'Aveyron.*
• *Rochers et phare, en Bretagne.*
• *Plage à Deauville.*

UNITÉ 4
La reine des sables

Grammaire

Pronoms «en» et «y» - Pronoms relatifs - Comparatifs et superlatifs - Conjugaison du futur - Présent continu et passé récent.

Communication

Demander l'autorisation - Interdire - Formuler des projets - Discuter et débattre.

Civilisation

La vie administrative et régionale - Problèmes économiques et écologiques - Traditions et modernité.

LEÇON 1   PROJETS

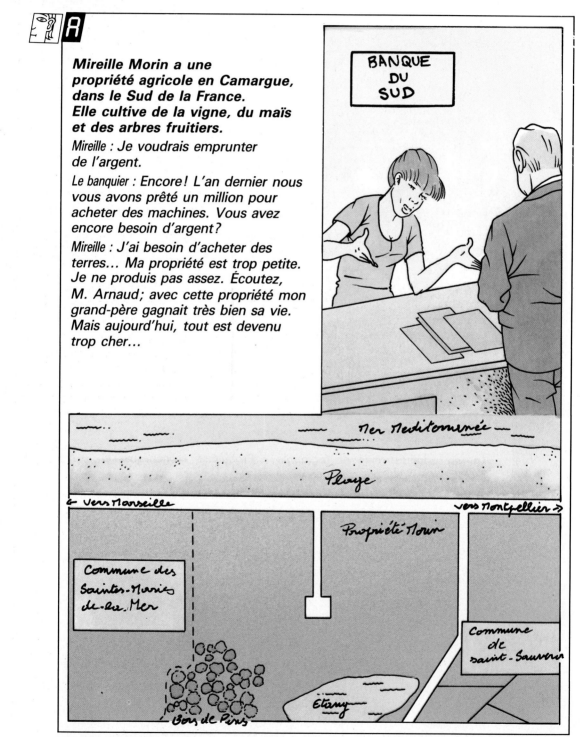

Mireille Morin a une propriété agricole en Camargue, dans le Sud de la France. Elle cultive de la vigne, du maïs et des arbres fruitiers.

Mireille : Je voudrais emprunter de l'argent.

Le banquier : Encore! L'an dernier nous vous avons prêté un million pour acheter des machines. Vous avez encore besoin d'argent?

Mireille : J'ai besoin d'acheter des terres… Ma propriété est trop petite. Je ne produis pas assez. Écoutez, M. Arnaud; avec cette propriété mon grand-père gagnait très bien sa vie. Mais aujourd'hui, tout est devenu trop cher…

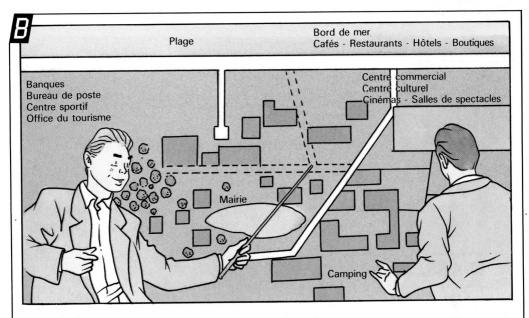

B

Plage

Bord de mer
Cafés - Restaurants - Hôtels - Boutiques

Banques
Bureau de poste
Centre sportif
Office du tourisme

Centre commercial
Centre culturel
Cinémas - Salles de spectacles

Mairie

Camping

A Montpellier, l'architecte Olivier Girard montre à un collègue un projet de ville touristique.

Olivier Girard : *Nous construirons notre nouvelle ville sur la commune de Saint-Sauveur.*

Un collègue : *Mais il y a des propriétés.*

Olivier Girard : *Nous les achèterons. Nous démolirons les vieilles fermes.*

Nous garderons seulement le bois de pins et l'étang. Regardez les dessins! Ça vous plaît?

Le collègue : *Ça me plaît beaucoup. Ce sera une ville magnifique. Quand commencerez-vous les travaux?*

Olivier Girard : *J'aurai bientôt les autorisations. Nous commencerons dans quelques mois.*

C

A Marseille, le PDG de la société Pétrolonor présente ses projets à une journaliste.

La journaliste : *Vous cherchez du pétrole dans la région?*

M. Lagarde : *Oui, en Camargue, autour des Saintes-Maries-de-la-Mer.*

La journaliste : *Vous en trouvez?*

M. Lagarde : *J'espère que nous en trouverons beaucoup.*

La journaliste : *Est-ce que vous avez un projet d'exploitation?*

M. Lagarde : *Nous en avons un dans la commune de Saint-Sauveur. Nos recherches ont donné de bons résultats. Nous espérons exploiter dans quelques mois.*

VOCABULAIRE ET GRAMMAIRE

■ L'AGRICULTURE

un agriculteur – une propriété agricole (une ferme – une terre – un champ)
une vache
un mouton   cultiver
un porc   produire
un cheval (des chevaux)   récolter
la volaille (poulet – canard)   élever

le blé
le maïs
les légumes
les fruits (un arbre fruitier)
la vigne (un raisin)

■ ASSEZ – PAS ASSEZ – TROP

1. avec un adjectif

La valise est **trop** lourde.   Elle est **assez** forte
Il n'est **pas assez** fort.   pour porter la valise.

2. avec un verbe

Tu **ne** travailles **pas assez**!
Tu travailles **trop**. Va te reposer!
Tu as **assez** travaillé. Va jouer!
Il n'y a **pas assez** d'eau.

3. avec un nom

Il a **trop** de travail.
Il a **assez** d'argent
pour acheter une maison.

■ LE FUTUR

Futur → infinitif + ai – as – a – ons – ez – ont
parler → je parlerai   construire → je construirai

Attention!

Demain Le 7 décembre Dans 8 jours	Je partir**ai** Tu partir**as** Il/elle/on partir**a** Nous partir**ons** Vous partir**ez** Ils/elles partir**ont**

prendre → je prendrai   être → je serai
avoir → j'aurai   faire → je ferai
aller → j'irai   venir → je viendrai
pouvoir → je pourrai   savoir → je saurai

• Vous irez danser ce soir?
Est-ce que vous irez danser?   • Non, nous n'irons pas danser
Irez-vous danser?

■ SEULEMENT

Vous voyez. J'ai **seulement** ce château, cinquante hectares de terres, trois voitures, un troupeau de 200 vaches et 10 chevaux de courses...

▮ LA VILLE

• **pour les affaires**
une banque : un banquier − prêter/emprunter de l'argent − rendre l'argent −
un bureau de poste − une mairie (le maire)

• **pour les loisirs**
un centre sportif − un stade − un centre culturel − un café − un bar − un restaurant − une bibliothèque

• **pour visiter**
une église, une cathédrale − un monument

• **pour les achats**
un magasin, une boutique − un marché,
un supermarché − un centre commercial
une pharmacie − un bureau de tabac

• **pour les touristes**
un office de tourisme − un consulat −
une ambassade

Construire	Démolir
Je construis	Je démolis
Il construit	Il démolit
Nous construisons	Nous démolissons
Ils construisent	Ils démolissent

▮ LE PRONOM EN

		j'**en** mange	je n'**en** mange pas
mangez-vous	du gâteau? de la viande? des fruits?	j'**en** mange {beaucoup / assez / trop / un peu / quelques-uns}	je n'**en** mange pas {beaucoup / assez}
avez-vous un dictionnaire? une règle?		j'**en** ai un / j'**en** ai une	je n'**en** ai pas

▮ ESPÉRER, PLAIRE

J'espère qu'elle viendra.
J'espère que ça lui plaira.

J'espère que je lui plairai.
J'espère arriver à l'heure.

• Ce tableau me plaît beaucoup.
Les pièces de Shakespeare
me plaisent beaucoup.

• Elle me plaît − Je lui plais −
Nous nous plaisons (se plaire).

▮ LOCALISER

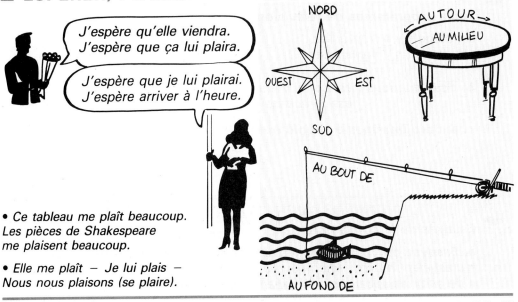

NORD
OUEST EST
SUD

AUTOUR
AU MILIEU

AU BOUT DE

AU FOND DE

LEÇON 1 ACTIVITÉS

A

PHONÉTIQUE

[o] - [ɔ]
Il est encore tôt.
Il porte un beau costume.
Mme Morin a une propriété agricole.

MÉCANISMES

• *Elle travaille ?*
Non, elle ne travaille pas assez.
• *Vous avez du pain ?*
Non, je n'ai pas assez de pain.

---

1. COMPLÉTEZ *avec assez (de) – pas assez (de) – trop (de)*

Je ne peux pas mettre cette chemise. Elle est . . . sale – Vous devez faire un régime. Vous êtes . . . gros – Ce plat n'a pas beauc ⟩ de goût. Tu n'as pas mis . . . sel – Dans cette profession on ne gagne . . . argent. Je vais faire autre chose – Je suis fatigué. La nuit dernière, je n'ai . . . dormi – On ne peut pas monter dans l'autobus. Il y a . . . monde – Il peut acheter cette voiture. Il a . . . argent – Je vais être en retard. Nous n'allons . . . vite.

2. COMPLÉTEZ *avec très ou trop*

Le repas était . . . bon. Mais j'ai . . . mangé. Je suis malade – Mme Grand a . . . travaillé cette semaine. Elle est . . . fatiguée – Cet appartement est . . . beau. Mais j'aime le soleil. Il est . . . sombre pour moi – Vous arrivez trop tard. M. Dupuis est parti. Il était . . . pressé – Ce quartier est . . . tranquille. C'est une qualité. Mais il est . . . calme pour moi. Il n'y a pas de café, pas de restaurant, pas de cinéma.

3. DONNEZ VOTRE AVIS. DISCUTEZ

a. les programmes de télévision :

est-ce qu'il y a trop/assez...   de films,
est-ce qu'il n'y a pas assez...   d'interviews
    de musique, de chanteurs etc.

b. des vacances : *est-ce qu'il y a assez de vacances ?*
    est-ce que les vacances d'été sont trop longues ?...

c. les programmes à l'école ou à l'université : *est-ce qu'on fait assez de sport ? de musique ?*
    est-ce qu'on étudie assez les langues étrangères ?

4. JOUEZ LES SCÈNES OU RÉDIGEZ LES DIALOGUES

Essayez de le convaincre

a. Essayez de convaincre votre mari/votre femme/votre ami(e)
• *d'acheter un bijou, une nouvelle voiture*
• *de partir en vacances aux Bahamas/à Tahiti*

---

b. Essayez de convaincre vos parents/un ami

• *de vous prêter de l'argent*
• *de vous prêter leur (sa) voiture*

« Je voudrais ...
*– Ah non! Nous n'avons pas
assez d'argent. C'est trop cher...*
– Mais non! ... »

B

PHONÉTIQUE

[ə]

Je mangerai bien.
Nous demanderons des explications.
Tu n'achèteras pas de pain.

MÉCANISMES

• *Tu travailles aujourd'hui?*
 Non, mais demain, je travaillerai.
• *Elle sort ce soir?*
 Non, mais demain soir, elle sortira.

---

5. IL PREND DES DÉCISIONS. Qu'est-ce qu'il fera? Qu'est-ce qu'il ne fera plus l'année prochaine?

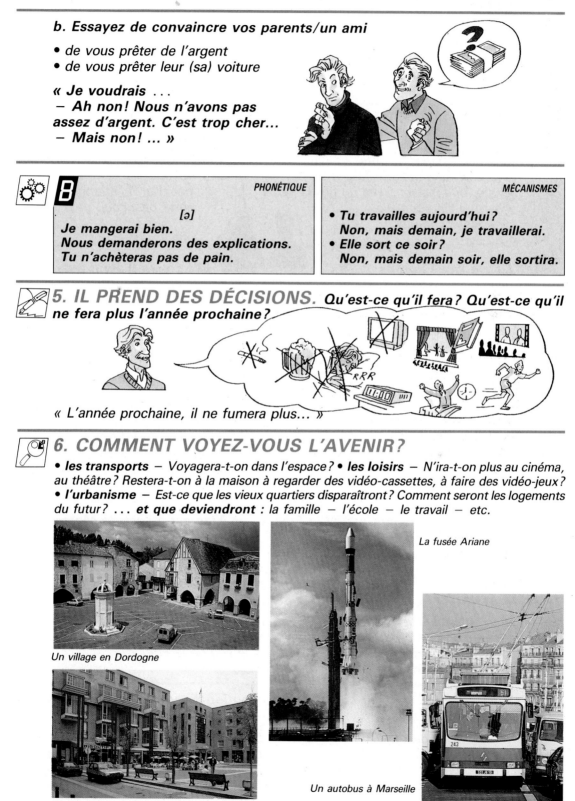

« *L'année prochaine, il ne fumera plus...* »

6. COMMENT VOYEZ-VOUS L'AVENIR?

• **les transports** – *Voyagera-t-on dans l'espace?* • **les loisirs** – *N'ira-t-on plus au cinéma, au théâtre? Restera-t-on à la maison à regarder des vidéo-cassettes, à faire des vidéo-jeux?* • **l'urbanisme** – *Est-ce que les vieux quartiers disparaîtront? Comment seront les logements du futur? ... **et que deviendront** : la famille – l'école – le travail – etc.*

Un village en Dordogne

La fusée Ariane

Cergy, ville nouvelle, en banlieue parisienne

Un autobus à Marseille

LEÇON1 ACTIVITÉS

---

7. ILS VONT SE MARIER. *Sont-ils faits l'un pour l'autre?*

> avoir beaucoup d'enfants
> vivre dans une petite ville
> acheter une maison avec un grand jardin
> avoir une vie tranquille
> faire des économies

> ne pas avoir d'enfant
> voyager
> travailler à l'étranger
> sortir beaucoup

Lui : « *Nous aurons ... »*   **Elle :** « *Je n'aurai pas ... »*

---

8. RÉDIGEZ VOTRE PROJET. *Vous êtes architecte urbaniste. On vous demande de faire un projet pour moderniser votre ville. Que garderez-vous? Que démolirez-vous? Que construirez-vous?*

C   PHONÉTIQUE   MÉCANISMES

ENCHAÎNEMENT

Du jus de fruit? J'en ai.

Un dictionnaire? Il en a un.

Une voiture? Elle en a une.

- *Vous prenez du café?*
  Oui, j'en prends.
- *Vous voulez du thé?*
  Non, je n'en veux pas.

---

9. REGARDEZ LA CARTE *de la p. 196 et situez les villes suivantes*

- **Nice est dans le sud-est de la France**
- Toulouse est ... de la France
- Clermont-Ferrand est ... de la France
- Rennes est ... de la France

- **Nice est à l'est de Marseille**
- Valence est ... de Lyon
- Bordeaux est ... de Montpellier
- Lille est ... de Strasbourg

---

10. REGARDEZ LA CARTE *de la p. 197 et répondez*

Est-ce qu'on cultive beaucoup la vigne en Bretagne?
Est-ce qu'on produit du fromage en Normandie?
Est-ce qu'on produit beaucoup de vin dans le sud de la France?
Est-ce qu'on produit de la moutarde à Lille?

---

11. RÉPONDEZ. *Au cours d'une réception on vous pose les questions suivantes*

1. *Voulez-vous du thé?*
2. *Vous avez des enfants?*
3. *Vous prendrez un peu de gâteau?*
4. *Vous gagnez beaucoup d'argent?*

5. *Vous avez une voiture?*
6. *Vous prenez un verre de champagne?*
7. *Vous avez beaucoup d'amis ici?*
8. *Vous lisez beaucoup de romans?*

1. **« Oui, j'en veux/j'en veux une tasse/j'en veux un peu, merci. »**

---

12. RÉPONDEZ en utilisant le pronom qui convient : en ou le/la/les

Est-ce que vous mangez du poulet? Oui ...
Est-ce que vous mangez ces escargots? Non, ...
Est-ce que vous avez vu des films de Truffaut? Oui ...
Est-ce que vous avez lu le dernier livre de Marguerite Duras? Non ...
Est-ce qu'elle boit beaucoup de café? Non, ...
Est-ce qu'elle aime le chocolat? Oui, ...

13. JOUEZ LES SCÈNES

« Est-ce que tu as ...? »

« Est-ce qu'il faut du beurre? ... »
(voir recettes p. 89 et p. 94)

14. ÉCOUTEZ. Elle décrit ce qu'elle voit de sa fenêtre.

D'après ce qu'elle dit, faites le plan de la ville.

15. FORMULEZ DES VŒUX POUR EUX

« J'espère que ... »

• J'entre à l'hôpital demain.
• Elle ne trouve pas de travail.
• Nous allons nous marier.
• Je partirai en vacances dans une semaine.
• J'ai perdu tout mon argent au jeu.
• Nous n'avons pas eu une bonne récolte.

16. ELLE FAIT DES PROJETS

Dans deux ans passer le bac — Entrer à la faculté de droit
Dans huit ans, être avocate — Aller travailler à l'étranger
Dans quatre ans, rentrer en France...

a. Que fera-t-elle? « Dans deux ans elle... »
b. Et vous, quels sont vos projets pour l'année prochaine? Pour l'an 2000?
Que ferez-vous? Qu'est-ce que vous ne ferez plus?
Dialoguez avec votre voisin(e)

LEÇON 2 EN PANNE

Tous les ans, Corinne et Pascal Lesage prennent leurs vacances en automne. Ils aiment visiter les sites historiques quand il n'y a plus de touristes. Cette année, ils ont décidé d'aller dans le sud de la France.

Pascal : Il va faire chaud dans le Midi. Est-ce que je prends un pull ?

Corinne : Oui, prends-en un. Tu en auras besoin.

Pascal : Tu crois ?

Corinne : Oui, je connais la région. En automne, il peut faire frais. Il peut pleuvoir aussi. La météo prévoit des orages. Tu n'as pas oublié ton imperméable ?

Pascal : Non, j'y ai pensé.

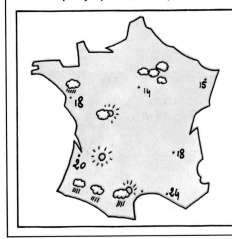

MÉTÉO

Prévisions pour la journée du 10 octobre : Beau temps chaud dans le sud du pays. Risque d'orage en fin d'après-midi sur les régions méditerranéennes. Vent d'ouest. Dans le nord, ciel nuageux. Pluies sur la Bretagne. Températures : Paris 14° - Nantes 18° - Strasbourg 15° - Lyon 18° - Montpellier 25° - Marseille 24° - Bordeaux 20°.

B

Corinne et Pascal traversent toute la France sans problèmes. Ils veulent arriver avant la nuit aux Saintes-Maries-de-la-Mer pour y camper. Mais ils n'ont pas de chance… Quinze kilomètres avant le village, leur voiture tombe en panne.

Corinne : Pardon Monsieur! Les Saintes-Maries-de-la-Mer, c'est par là?

Un jeune homme : Oui, j'en viens.

Corinne : Nous sommes en panne. Nous cherchons un garage.

Le jeune homme : C'est dimanche aujourd'hui. Tous les garages du village sont fermés. Il faut téléphoner à Arles. Vous voyez cette ferme à 500 m de la route?

Corinne : Oui.

Le jeune homme : Allez-y. Vous pourrez téléphoner.

Corinne : Merci Monsieur.

Pascal : Corinne, reste ici! J'y vais.

C

Le Directeur de Pétrolonor
à Madame Mireille Morin

Madame,

La société Pétrolonor fait actuellement des analyses de terrain dans votre région.

Je vous prie de bien vouloir nous donner l'autorisation d'entrer dans votre propriété pour effectuer ces travaux.

Je vous en remercie par avance.

La propriétaire de la ferme est Mireille Morin.

Pascal : Pardon Madame, notre voiture est en panne. Est-ce que je pourrais téléphoner à Arles?

Mireille : Bien sûr. Mais Arles est à 40 kilomètres. Le dépannage va coûter cher.

Pascal : Alors, pourrions-nous camper dans votre propriété?

Mireille : Normalement, c'est interdit.

Pascal : Nous partirons demain.

Mireille : D'accord. Installez-vous dans le bois de pins.

LEÇON 2 VOCABULAIRE ET GRAMMAIRE

■ LE TEMPS

• **les saisons** : *le printemps – l'été – l'automne – l'hiver*

La température

il fait chaud
il fait bon
il fait frais
il fait froid

le ciel *(le soleil – un nuage*
– la lune – une étoile)
il fait beau : il fait soleil
le ciel est nuageux

Le mauvais temps

il fait/il y a du vent – le vent
il pleut (pleuvoir) – la pluie – un orage
il neige (neiger) – la neige
il gèle (geler) – la glace
il y a du brouillard – le brouillard

la météo : *les prévisions*
prévoir…

pour la pluie : *un imperméable – un parapluie*

■ EXPRIMER la possibilité – la certitude

Il risque de pleuvoir.
N'oublie pas ton imperméable !

Il peut faire frais demain.
Il risque de pleuvoir.
Je peux partir demain.
Je risque de partir demain.
} *c'est possible*
mais
ce n'est pas sûr

Il va pleuvoir demain.
Il fera frais.
Tu partiras.
} *c'est sûr*

■ DEMANDER SON CHEMIN

Pardon Madame/Excusez-moi Madame…
Où est…?
Pour aller à…?
Vous connaissez la route de …?

• *C'est à gauche/à droite/tout droit…*
• *Prenez la deuxième route à droite…*
• *Tournez à gauche, après le feu rouge.*
• *Continuez jusqu'à…*
• *Traversez le pont/la route de…*
• *Passez par Lyon/sur le pont…*
• *Suivez cette route/cette voiture…*

■ LE PRONOM « EN » EXPRIMANT LA QUANTITÉ

Est-ce que je peux prendre des fruits? – Est-ce qu'il a pris des fruits?

• **Impératif**
Prenez-en!
Prenez-en beaucoup!
Prenez-en un!
N'en prenez pas!
N'en prenez pas beaucoup!

• **Passé composé**
Il en a pris.
Il en a pris beaucoup.
Il en a pris un.
Il n'en a pas pris.
Il n'en a pas pris beaucoup.

■ « Y » ET « EN » remplaçant un lieu

Préposition à, en, au, à la, aux, chez...	Préposition de
Vous allez à Marseille/**en** Espagne/**chez** le dentiste? • *j'y vais* • *je n'y vais pas* • *j'y suis allé* • *je n'y suis pas allé* • *allez-y* • *n'y allez pas*	Vous venez **de** Paris? • *j'en viens* • *je n'en viens pas*

■ « Y » ET « EN » remplaçant une chose

	Préposition à	Préposition de
CHOSES	• *Vous pensez à mon projet?* *J'y pense.*	• *Vous avez besoin d'un outil?* *J'en ai besoin.*
PERSONNES	• *Vous écrivez à votre cousin?* *Je lui écris.* **Attention!** *Vous pensez à vos parents?* *Je pense à eux.*	• *Vous vous occupez de Jacques?* *Je m'occupe de lui.*

■ LA VOITURE

conduire une voiture − conduire bien/mal/vite/lentement
aller en voiture − à moto − à vélo

C'est dangereux.
Il faut être prudent.

la panne : tomber/être en panne
→ *le moteur ne marche pas −*
une panne de moteur
→ *il n'y a plus d'essence*
une panne d'essence −
le réservoir est vide − faire le plein

→ *le pneu est crevé*
une crevaison − changer la roue
réparer (une réparation) −
dépanner (un dépannage)
un garage − un garagiste

■ DEMANDER UNE AUTORISATION − *permettre − interdire*

Est-ce que je pourrais camper?
Vous m'autorisez à camper?
Vous me permettez de camper?
Vous me donnez l'autorisation/
la permission de camper?

Oui, vous pouvez camper.
Je vous autorise à camper.
Je vous permets de camper.
Je vous donne l'autorisation de camper.

Non, vous ne pouvez pas camper.
Je ne vous autorise pas à camper.
Je vous défends de camper.
C'est interdit! C'est défendu!

DÉFENSE DE CAMPER

CAMPING INTERDIT

HÔPITAL SILENCE

NE PAS TOUCHER SVP MERCI

Attention!
autoriser *quelqu'un* **à** *faire quelque chose*
permettre à *quelqu'un* **de** *faire quelque chose*
défendre à *quelqu'un* **de** *faire quelque chose*

LEÇON 2 ACTIVITÉS

A PHONÉTIQUE

[s] + CONSONNE
- *Les touristes visitent les sites historiques.*
- *Il risque de pleuvoir sur le stade.*
- *Sa spécialité, c'est le steack au poivre.*

MÉCANISMES

- *Je peux prendre du gâteau ?*
  Oui, prenez-en !
  Non, n'en prenez pas !

---

1. RÉPONDEZ EN UTILISANT L'IMPÉRATIF

Je peux prendre du café ? – Oui, prends-en.
Je dois envoyer un télégramme ? – Oui, ...
Je dois faire une réservation ? – Non, ...
Je dois prendre un manteau ? – Oui, ...
On peut chercher du pétrole ici ? – Non, ...
Nous pouvons cultiver du maïs, ici ? – Non, ...
Je peux manger une orange ? – Oui, ...
Je dois réserver une place ? – Non, ...

---

2. RÉDIGEZ LE BULLETIN MÉTÉO D'HIER. Dessinez la carte du temps de demain.

• Hier

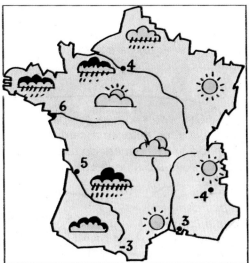

• Demain

*Prévisions pour la journée du 3 janvier :
Temps froid sur l'ensemble du pays. Températures en baisse. Paris : 2°, Nantes :
14 °, Bordeaux : 1°, Luchon (Pyrénées) :
— 5°, Marseille : 1°, Grenoble : — 6°.
Temps couvert sur l'ensemble du pays
sauf sur les régions méditerranéennes et
la région parisienne.
Neige dans les Pyrénées, les Alpes et le
Massif central.*

Demain, le temps sera

3. DÉCRIVEZ. **Quelles sont les saisons représentées ?**

La Corse

La forêt de Fontainebleau

La campagne normande

Les Pyrénées

■ **Comparez avec les saisons dans votre pays, dans les pays que vous connaissez, dans les pays que connaît votre voisin(e). Dialoguez.**

■ **Vous partez en vacances dans ces régions. Comme Corinne et Pascal, vous préparez votre valise. Qu'emportez-vous ? Jouez les scènes.**

4. RÉDIGEZ UNE CARTE POSTALE DE VACANCES

*Parlez du temps qu'il fait,
du temps qu'il a fait,
de ce que vous avez vu
et de ce que vous allez voir,
de vos activités, etc.*

Chers amis
Nous voici à Chamonix.
Hier il a neigé, aujourd'hui
il fait soleil. C'est magnifique.

5. RACONTEZ LEUR AVENTURE

« *Quand nous sommes partis, il faisait beau...* »

LEÇON 2 — ACTIVITÉS

PHONÉTIQUE

ENCHAÎNEMENT

Allons-y vite!

N'y allez pas!

Il n'y arrive pas!

MÉCANISMES

• *Ils habitent à Paris?*
  Oui, ils y habitent.
  Non, ils n'y habitent pas.

---

6. RÉPONDEZ *en utilisant « Y » ou « EN »*

Est-ce que Sylvie Roman habite Paris?
Est-ce que la ferme de Mme Morin est dans la commune de Saint-Sauveur?
Est-ce que Nicolas Legrand a chanté à l'Olympia?
Est-ce que Pascal et Corinne viennent de Paris? Est-ce qu'ils vont en Bretagne?
Est-ce que vous êtes allé(e) en France? en Italie?

---

7. RÉPONDEZ *en utilisant le pronom qui convient*

Est-ce que vous avez besoin d'une serpe pour nettoyer le jardin? Oui, ...
Est-ce que vous avez besoin de Jacques pour vous aider? Non, ...
Est-ce que M. Dupuis s'occupe du contrat de M. Fontaine? Non, ...
Est-ce que vous comprenez quelque chose à cette explication? Non, ...
Est-ce que vous pensez toujours à faire le plein d'essence?
Est-ce que vous faites attention aux explications du professeur?
Est-ce que vous croyez à l'astrologie? aux extraterrestres?

---

8. RÉPONDEZ. Vous êtes à la gare. Ils vous demandent leur chemin

• *Pardon Monsieur, pour aller au théâtre?*
• *L'Agence des Étuves, c'est par là?*
• *Où est le centre commercial du Polygone?*
• *Pouvez-vous m'indiquer où est l'hôtel Métropole*

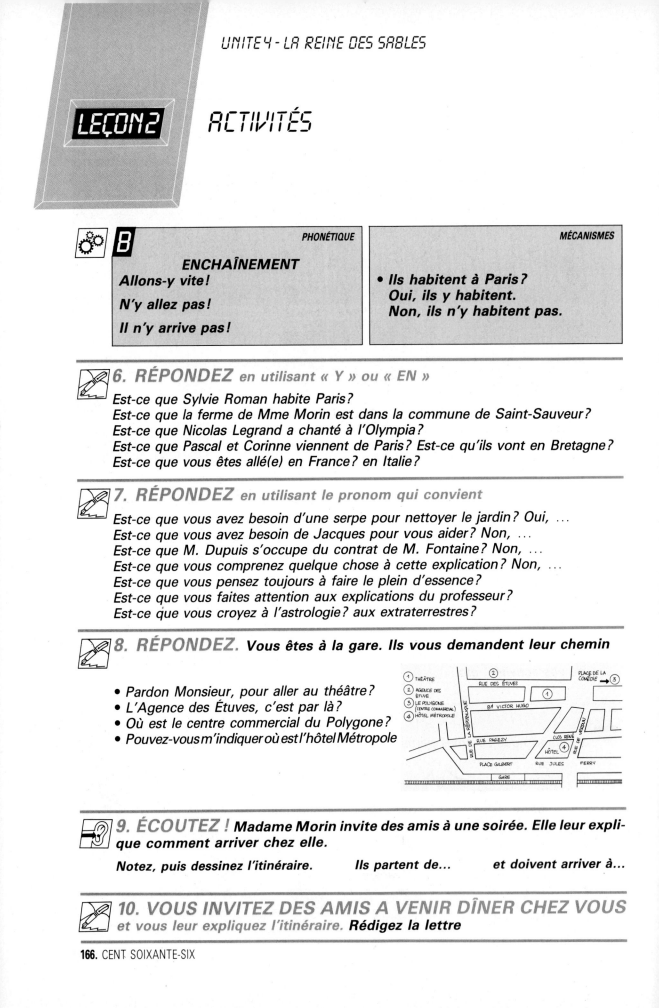

---

9. ÉCOUTEZ ! Madame Morin invite des amis à une soirée. Elle leur explique comment arriver chez elle.

Notez, puis dessinez l'itinéraire.   Ils partent de...   et doivent arriver à...

---

10. VOUS INVITEZ DES AMIS A VENIR DÎNER CHEZ VOUS et vous leur expliquez l'itinéraire. **Rédigez la lettre**

PHONÉTIQUE

[ã] / [an] - [ɛ̃] / [ɛn]
- *Jacques vient chez moi mais ses sœurs ne viennent pas.*
- *Il a du bon vin et de la bonne bière.*
- *A la fin de l'année, Michel aura trois ans.*

MÉCANISMES

- *Vous devez aller à Lyon. Allez-y !*
- *Nous ne devons pas aller à la réunion. N'y allons pas !*

11. QUE SIGNIFIENT CES PANNEAUX ? *La propriété de Mme Morin est bien protégée. Que signifient ces panneaux ? Que dit le gardien de la propriété ?*

a. « Il est interdit de... »   **b.** « Je vous défends de... »

12. IMAGINEZ *et dessinez un panneau pour chaque consigne*

RÈGLEMENT DU CAMPING

- Il est interdit de faire du bruit le soir après 10 heures.
- Prière de jeter les ordures dans les poubelles.
- Il est interdit de laver la vaisselle dans les lavabos.
- Les transistors ne doivent pas gêner vos voisins.

- Il est interdit de laisser les chiens se promener librement.
- Les barbecues sont interdits.
- Nous vous demandons d'avoir une tenue correcte.
- Après 10 h interdiction de rouler en voiture dans le camping.

13. JOUEZ LES SCÈNES. *Ils demandent l'autorisation. L'autre refuse. Ils insistent... Jouez les scènes*

14. VOUS ÉCRIVEZ *à votre patron pour lui demander l'autorisation :*
- *de prendre deux mois de vacances*
- *d'arriver une heure plus tard tous les matins*
- *de changer les meubles et la décoration de votre bureau*

a. Rédigez la lettre   **b. Rédigez la réponse du patron**

LEÇON 3 DÉCOUVERTE

A

Dans la nuit, il fait un gros orage. Le matin...

Corinne : Quel orage! On ne reconnaît plus le paysage.

Pascal : Regarde dans le fossé! On dirait une main...

Corinne : Mon Dieu, Pascal! Quelle horreur!

Pascal : Que tu es bête! C'est une main en pierre... Aide-moi à enlever le sable...

Corinne : On dirait que c'est une statue.

Pascal : Une statue de femme! C'est extraordinaire! Elle ressemble à une sculpture grecque du musée du Louvre. Elle a les mêmes vêtements.

Corinne : Pascal, je crois que nous avons fait la découverte du siècle.

B

Mireille, Corinne et Pascal apportent la statue au musée archéologique de Montpellier.

La directrice du musée : Votre statue est moins ancienne qu'une statue grecque.

Pascal : Elle est romaine?

La directrice : Je ne crois pas. Regardez. Voici une sculpture romaine. Les yeux sont plus petits. Les vêtements sont plus larges.

Pascal : Alors, qu'est-ce que c'est?

La directrice : Je ne sais pas. Je dois la montrer à mon collègue. Il est meilleur que moi en sculpture antique.

Pascal : Mais vous, vous n'avez pas une idée?

La directrice : Si, j'ai une idée... Mais elle est aussi folle qu'une histoire d'extra-terrestres.

Pascal : Expliquez-vous.

La directrice : Vous connaissez l'histoire de la reine Sara?

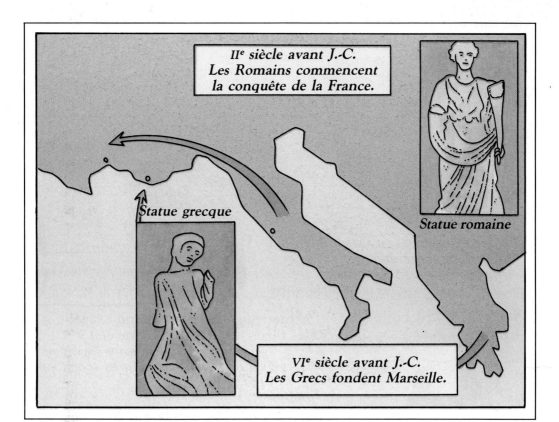

IIᵉ siècle avant J.-C.
Les Romains commencent
la conquête de la France.

Statue romaine

Statue grecque

VIᵉ siècle avant J.-C.
Les Grecs fondent Marseille.

L'HISTOIRE
DE LA REINE SARA

Au 1ᵉʳ siècle après J.-C., un peuple s'est installé dans la région des Saintes-Maries-de-la-Mer. Ces gens venaient d'un pays mystérieux de l'Asie. Ils avaient une reine.

Elle s'appelait Sara. C'était la plus belle femme du pays, la plus riche et la plus intelligente.

Sara et son peuple adoraient la déesse de la Lune. Tous les ans au printemps, ils portaient la statue de la déesse jusqu'à la mer et lui demandaient une bonne récolte ou de beaux enfants...

LEÇON 3 — *VOCABULAIRE ET GRAMMAIRE*

■ RESSEMBLANCE ET DIFFÉRENCE

Marie est **comme** François.
Elle est paresseuse.

Tu le reconnais?

*On dirait Nicolas Legrand.
Il ressemble à Nicolas Legrand.*

Ces deux sœurs **se ressemblent**.
Elles ont la **même** robe.
Leurs visages sont **pareils**,
mais leurs coiffures sont **différentes**.

Je veux la même!

même → **adjectif** — le **même** tableau
la **même** statue
les **mêmes** paysages
les **mêmes** sculptures

même → **pronom**
Tu as un beau costume — j'ai le **même**
la **même**
les **mêmes**

ressembler — se ressembler
pareil(s) — pareilles/différent(es)

■ L'EXPRESSION DES SENTIMENTS

*Quel homme!
Qu'il est beau!*

*Quelle horreur!
Que c'est laid!*

C'est extraordinaire!

Quel paysage! Quelle catastrophe! Quels problèmes! Quelles belles sculptures!
Que c'est beau! Qu'elle chante bien! Qu'il est bête!

■ APPORTER — EMPORTER — AMENER — EMMENER

• *Je donne une fête pour mon anniversaire. Viens et apporte tes disques.*
• *Je te donne ce livre. Tu peux l'emporter.*
• *Tu peux amener Gérard à l'école?*
• *Tu vas visiter le musée. Alors, tu peux emmener Gérard (avec toi)?*

on pense ...	• ⟶ au lieu où on est	⟶ • au lieu où on va
personnes	emmener	amener
choses	emporter/emmener	apporter/amener

▮ COMPARER DES QUALITÉS

$$bon \begin{cases} \textbf{\textit{meilleur}} \\ \textit{moins bon} \\ \textit{aussi bon} \end{cases}$$

1. Annie est **plus** grande **que** Pierre.
Pierre est **moins** grand **qu'**Annie.

Marie est **aussi** grande **que** Jacques.
Marie et Jacques sont **aussi** grands.

$$bien \begin{cases} \textbf{\textit{mieux}} \\ \textit{moins bien} \\ \textit{aussi bien} \end{cases}$$

Jean court **plus** vite (**que** Luc et Marc).
Luc et Marc courent **moins** vite (**que** Jean).
Luc court **aussi** vite (**que** Marc).
Luc et Marc courent aussi vite.

Jean   **Luc et Marc**

2. Jacques est **le plus** grand.
Pierre est **le moins** grand.

le meilleur
le moins bon

▮ L'ART

La peinture – une peinture – un tableau – la sculpture – une sculpture – une
statue – l'archéologie – des fouilles archéologiques – une statue – des ruines –
une antiquité
moderne/ancien – antique
un sculpteur (sculpter) – un peintre (peindre)
un portrait – un paysage

▮ LES CONTES

Pour faire une belle histoire il faut :

un roi – une reine un prince – une princesse un dieu – une déesse un sorcier – une sorcière	gentil(le)/méchant(e) pauvre/riche courageux (euse) fou (folle) ...	un pays une forêt un château	mystérieux (euse)

Ce que font les méchants	détester... voler – cacher mentir mettre en prison tuer	**Ce que font les bons**	aimer – se marier trouver – découvrir dire la vérité aider – sauver

LEÇON 3

ACTIVITÉS

A

PHONÉTIQUE

INTONATION
Quel orage!
Quelles belles peintures!
Qu'il est gentil avec nous!

MÉCANISMES

• *Elle a une belle robe.*
  Moi, j'ai la même.
• *Il a de beaux disques.*
  Nous, nous avons les mêmes.

---

1. NOTEZ LES RESSEMBLANCES ET LES DIFFÉRENCES. *Ces enfants sont de la même famille. Est-ce qu'ils se ressemblent? Notez les ressemblances et les différences*

Daniel   Odile   Arnaud   Hélène

« *Daniel et Arnaud se ressemblent. Ils ont ... »*

---

2. DONNEZ VOTRE OPINION.
A quoi ça ressemble? On dirait...

Air-Feu par HERBIN (1962)

Compression de voiture par CESAR (1962)

PHONÉTIQUE

[ply] / [plys] / [plyz]
Je n'en veux plus.
Il est plus grand et plus intelligent.
Vous en voulez un peu plus ?
Deux plus deux font quatre.

MÉCANISMES

• *Marie est aussi grande que Nicole ?*
  Non, elle est moins grande.
• *Jean court plus vite que Marc ?*
  Non, il court moins vite.

3. COMPLÉTEZ AVEC LES VERBES emmener – amener – emporter – apporter

• **Dans la famille Brun (M. Brun est chef des ventes à Frantexport). Il habite à 20 km de Lyon.**

Sylvain (le fils de M. Brun) : *Où vas-tu papa ?*
M. Brun : A Lyon. Je dois ... ce dossier à mon directeur.
Sylvain : Oh, tu m'...
M. Brun : D'accord et cet après-midi, je t'... visiter le musée.
Mme Brun : Vous ne déjeunerez pas ici ! Alors, ... ces sandwichs !

---

4. COMPAREZ

a.

Adèle VERNEUIL	Jules VERNEUIL	Sébastien GIRARD
née le 10/02/1915	né le 10/02/1915	né le 13/06/1925

« Adèle Verneuil est aussi vieille que Jules Verneuil. Elle est ... »

b.

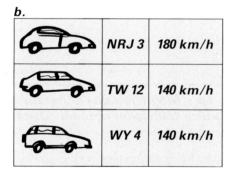

	NRJ 3	180 km/h
	TW 12	140 km/h
	WY 4	140 km/h

« La NRJ3 est plus puissante que... »

c.

« La robe de droite... »

5. COMPAREZ en utilisant les adjectifs entre parenthèses

• *Paris et New York* (**grand** – **intéressant** – **cher**)
• *Nicolas Legrand et Roland Brunot* (**beau** – **fort** – **intelligent** – **gentil** – **bon**)
• *Les voitures françaises et les voitures italiennes* (**rapide** – **joli** – **cher**)
• *Orly et Broussac* (**bruyant** – **tranquille** – **loin de Paris**)

« **Paris est moins grand que New York ...** »

ACTIVITÉS

6. COMPAREZ CES SPORTIFS. *Comparez leurs résultats*

Saut en hauteur (femmes)
Michèle Girard   (taille 1,65 m) saute 1,78 m
Jacqueline Brun (taille 1,61 m) saute 1,75 m
Pierrette Legros (taille 1,72 m) saute 1,70 m

*« Michèle Girard est la moins grande.
C'est la meilleure au saut en hauteur »*

Haltérophilie (hommes)
Gérard Lambert (poids 70 kg) soulève 90 kg
André Briant   (poids 75 kg) soulève 85 kg
Pierre Léonard   (poids 82 kg) soulève 80 kg

100 m (femmes)
Sophie Durand (18 ans) – 14   secondes
Colette Vérin   (25 ans) – 12,5 secondes
Paule Guérin   (17 ans) – 13   secondes

7. COMMENTEZ LE TABLEAU. *Le « Magazine de l'acheteur » compare les produits et vous aide à choisir votre télévision couleur. Quel téléviseur choisissez-vous ?*

Marques	A B C	E I N	SONAKA	S P	L U X
Fabrication	française	allemande	japonaise	suisse	française
Service après-vente	bon	bon	insuffisant	satisfaisant	médiocre
Qualité de l'image	bonne	excellente	très bonne	moyenne	moyenne
Qualité du son	excellente	bonne	excellente	moyenne	mauvaise
PRIX	3 000 F	4 500 F	3 000 F	3 500 F	2 500 F
Résultats	15/20	18/20	15/20	12/20	9/20
Appréciation	C'est un bon poste et il y a un bon service après-vente.	C'est parfait mais c'est cher.	C'est bien, mais le service après-vente...	Ce n'est pas mal, mais l'image n'est pas belle.	Un poste bon marché, de mauvaise qualité.

8. ÉCOUTEZ LE GUIDE DU MUSÉE. *Il présente les 3 sculptures.*
Pouvez-vous noter les détails du commentaire : nom du sculpteur — titre de l'œuvre, etc...

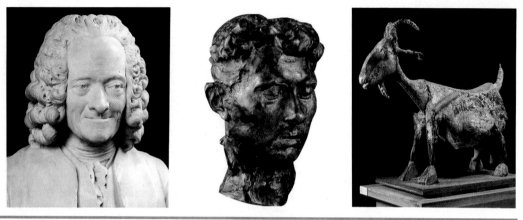

9. LISEZ CES EXPLOITS (AUTHENTIQUES) *extraits du* Livre des Records. *Donnez un titre à chaque exploit*

• Le 2 octobre 1979, David Donaghan a lancé un œuf depuis un hélicoptère à 200 m d'altitude. L'œuf a été récupéré intact.

• De 1960 à 1982, le fakir indien Mastram Bapu est resté pendant 22 ans au même endroit sur le bord d'une route dans le village de Chitra en Inde.

• Le lieutenant soviétique Cherov, éjecté de son avion, est tombé sans parachute de 6 700 m d'altitude, sur une montagne enneigée. Il a été seulement blessé.

• Michel Lotito, de Grenoble, mange du métal et du verre depuis 1959.
Il peut avaler 900 grammes de métal par jour.
Depuis 1966, il a avalé 12 vélos, 7 postes de télévision et un petit avion.

Et un très vieux record :
• Au 6e siècle, en Syrie, Siméon le Stylite est resté pendant 45 ans en haut d'une colonne de 20 m de haut.

10. RACONTEZ « LA LÉGENDE DU SEL » *(légende du Viêt-nam)* en utilisant les éléments suivants. *Décrivez les lieux, les personnages. Imaginez leurs dialogues*

• Au Viêt-nam, à cette époque, il n'y a pas de sel
• Tam est un jeune pêcheur, pauvre
• Daï, son frère, est méchant, voleur, jaloux
• Un jour, Tam rencontre un personnage mystérieux. Ce personnage lui donne une cruche magique. Cette cruche produit du sel. Pour se servir de cette cruche, il faut dire une formule magique. Pour l'arrêter, il faut dire une autre formule magique
• Tam devient riche. Daï épie son frère et il lui vole la cruche
• Daï emporte la cruche sur son bateau
• Quand il est loin du village, il veut se servir de la cruche
La cruche lui donne du sel, mais Daï ne connaît pas la formule magique pour l'arrêter. La cruche continue à produire du sel
• Voilà pourquoi la mer est salée.

CONFLITS

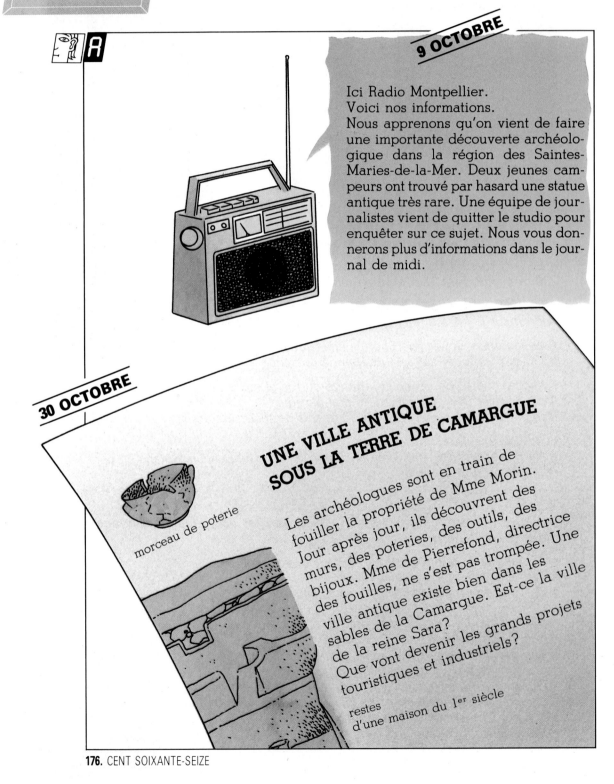

9 OCTOBRE

Ici Radio Montpellier.
Voici nos informations.
Nous apprenons qu'on vient de faire une importante découverte archéologique dans la région des Saintes-Maries-de-la-Mer. Deux jeunes campeurs ont trouvé par hasard une statue antique très rare. Une équipe de journalistes vient de quitter le studio pour enquêter sur ce sujet. Nous vous donnerons plus d'informations dans le journal de midi.

30 OCTOBRE

UNE VILLE ANTIQUE SOUS LA TERRE DE CAMARGUE

Les archéologues sont en train de fouiller la propriété de Mme Morin. Jour après jour, ils découvrent des murs, des poteries, des outils, des bijoux. Mme de Pierrefond, directrice des fouilles, ne s'est pas trompée. Une ville antique existe bien dans les sables de la Camargue. Est-ce la ville de la reine Sara? Que vont devenir les grands projets touristiques et industriels?

morceau de poterie

restes d'une maison du 1er siècle

B

L'architecte Olivier Girard discute avec le maire de Saint-Sauveur.

M. Girard : Monsieur le Maire, c'est un scandale! Faites arrêter rapidement ces fouilles ridicules.

Le maire : Malheureusement, c'est impossible. Cette découverte est importante pour notre région.

M. Girard : Et mon projet, il n'est pas important? Moi, j'apporte des emplois, je fais diminuer le chômage, je fais venir des touristes!

Le maire : Le site archéologique aussi!

M. Girard : Peut-être, mais avec ma ville touristique, je fais vivre la région.

Le maire : Écoutez, M. Girard. Attendez patiemment quelques mois. Nous n'abandonnons pas votre projet.

M. Girard : Je l'espère... et n'oubliez pas... je suis prêt à me battre, à écrire au ministre... au président de la République.

C

Le PDG de Pétrolonor proteste.

M. Lagarde : Monsieur le Maire, vous avez tort d'interdire les recherches pétrolières.

Le maire : C'est une interdiction de quelques mois seulement.

M. Lagarde : Réfléchissez. Il y a peut-être autant de pétrole que dans le Sud-Ouest.
Votre région gagnera plus d'argent avec le pétrole qu'avec quelques ruines antiques.

Le maire : J'y pense autant que vous. Croyez-moi. Mais je ne suis pas de votre avis. Le passé de notre région est aussi important que son avenir.

VOCABULAIRE ET GRAMMAIRE

■ LES MÉDIAS

La radio — *une émission*
La télévision — *les informations* — *le journal télévisé* — *informer*

un événement — *une nouvelle* — *des faits divers* — *un programme* —
une chaîne

La presse — *un journal* — *un quotidien* — *un hebdomadaire* — *un magazine* —
un article — *un titre* — *les gros titres* — *le sujet (de l'article)* —
une annonce — *les petites annonces*

■ LE PASSÉ RÉCENT — LE PRÉSENT CONTINU

elle part　　　　　　*elle se promène*

$\boxed{9\ 00}$　　　　$\boxed{9\ 15}$　　　　　　**elle va arriver dans 1 heure**
　　　　　　　　　　　　　　　　　　　　elle arrivera bientôt

elle vient de partir
elle est en train de se promener

Passé récent　　　　　　　　　　**Présent continu**
venir de + infinitif　　　　　　　**être en train de + infinitif**
Je viens de finir.　　　　　　　　*Je suis en train de lire.*
Tu viens dire quelque chose d'important.　　*Tu es en train de travailler.*

■ CARACTÉRISER UNE ACTION

1. *Il parle bien — mal — fort — vite — très vite, etc.*

2. Adverbes en -ment
lent　　→ *lentement*　　　*rapide*　　→ *rapidement*
heureux → *heureusement*　*malheureux* → *malheureusement*
patient　→ *patiemment*　　*nerveux*　　→ *nerveusement*

■ FAIRE + VERBE

Elle fait construire une maison.

Je ferai diminuer le chômage!
Je ferai augmenter les salaires!
Je ferai diminuer les prix!
Je ferai revivre le pays!

Il fait manger le bébé.

■ *LA POLITIQUE*

• **L'État**

le Président de la République française − le gouvernement − le Premier ministre − les ministres − la Chambre des députés − un député − le Sénat − un sénateur − un parti politique

• **Les problèmes sociaux**

→ *le chômage − un chômeur − être au chômage − chercher un emploi*

→ *les salaires − toucher un salaire une augmentation*

→ *les impôts*

augmenter/diminuer

un syndicat − une grève (faire la grève) − se battre pour...

■ *COMPARAISON DES QUANTITÉS*

Nombre de tasses de thé bues par an et par habitant	
Angleterre	2 000
Maroc	500
Allemagne	80
France	80

• *Les Anglais boivent **plus de** thé que les Marocains/**plus de** tasses de thé...*

*Les Marocains boivent **moins de** thé que les Anglais/**moins de** tasses...*

*Les Allemands boivent **autant de** thé que les Français*

*Les Allemands et les Français boivent **autant de** thé/**autant de** tasses...*

• *Il mange* $\left\{ \begin{array}{l} \textbf{plus} \\ \textbf{autant} \\ \textbf{moins} \end{array} \right\}$ *que moi.*

■ *ACCORD OU DÉSACCORD*

être d'accord/ } ***sur*** *un sujet/une idée, etc.*
pas d'accord } ***pour*** *partir/aller, etc.*

être pour/contre { *un projet*
une idée
l'augmentation des impôts...

LEÇON 4 ACTIVITÉS

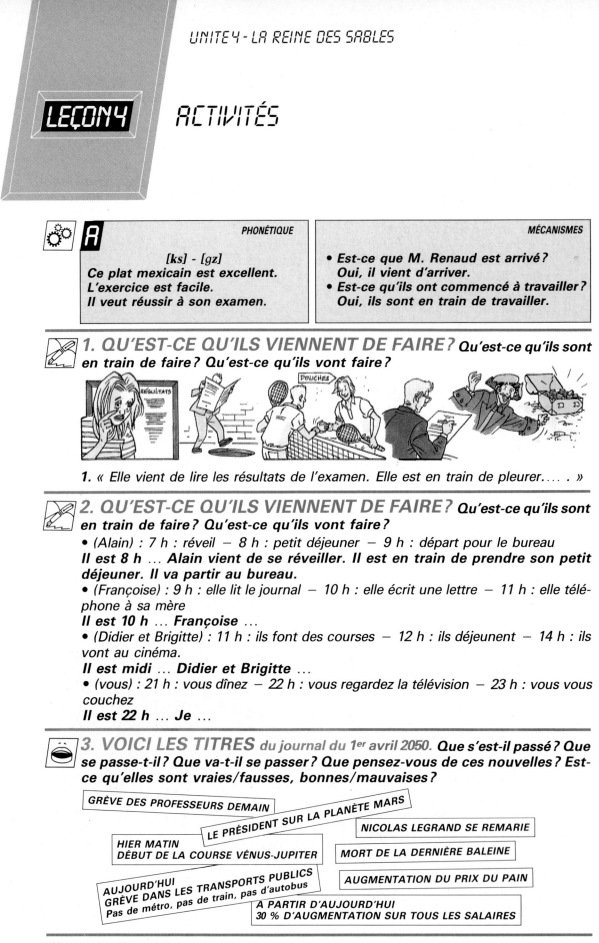

PHONÉTIQUE	MÉCANISMES
[ks] - [gz] *Ce plat mexicain est excellent.* *L'exercice est facile.* *Il veut réussir à son examen.*	• *Est-ce que M. Renaud est arrivé ?* *Oui, il vient d'arriver.* • *Est-ce qu'ils ont commencé à travailler ?* *Oui, ils sont en train de travailler.*

1. QU'EST-CE QU'ILS VIENNENT DE FAIRE ? *Qu'est-ce qu'ils sont en train de faire ? Qu'est-ce qu'ils vont faire ?*

1. « *Elle vient de lire les résultats de l'examen. Elle est en train de pleurer..... .* »

2. QU'EST-CE QU'ILS VIENNENT DE FAIRE ? *Qu'est-ce qu'ils sont en train de faire ? Qu'est-ce qu'ils vont faire ?*

• *(Alain) : 7 h : réveil − 8 h : petit déjeuner − 9 h : départ pour le bureau*
Il est 8 h ... **Alain vient de se réveiller. Il est en train de prendre son petit déjeuner. Il va partir au bureau.**
• *(Françoise) : 9 h : elle lit le journal − 10 h : elle écrit une lettre − 11 h : elle téléphone à sa mère*
Il est 10 h ... **Françoise** ...
• *(Didier et Brigitte) : 11 h : ils font des courses − 12 h : ils déjeunent − 14 h : ils vont au cinéma.*
Il est midi ... **Didier et Brigitte** ...
• *(vous) : 21 h : vous dînez − 22 h : vous regardez la télévision − 23 h : vous vous couchez*
Il est 22 h ... **Je** ...

3. VOICI LES TITRES *du journal du 1er avril 2050. Que s'est-il passé ? Que se passe-t-il ? Que va-t-il se passer ? Que pensez-vous de ces nouvelles ? Est-ce qu'elles sont vraies/fausses, bonnes/mauvaises ?*

GRÈVE DES PROFESSEURS DEMAIN

LE PRÉSIDENT SUR LA PLANÈTE MARS

NICOLAS LEGRAND SE REMARIE

HIER MATIN
DÉBUT DE LA COURSE VÉNUS-JUPITER

MORT DE LA DERNIÈRE BALEINE

AUGMENTATION DU PRIX DU PAIN

AUJOURD'HUI
GRÈVE DANS LES TRANSPORTS PUBLICS
Pas de métro, pas de train, pas d'autobus

A PARTIR D'AUJOURD'HUI
30 % D'AUGMENTATION SUR TOUS LES SALAIRES

4. ÉCOUTEZ *les informations à la radio.* **Que s'est-il passé ?**

• **Rédigez un titre de presse
pour chaque nouvelle**

*• Politique intérieure...
• Politique étrangère...
• Éducation...
• Faits divers...
• Sports...
• Spectacles...*

5. CONNAISSEZ-VOUS *les moyens d'information en France ?*

Les grands quotidiens nationaux
*Le Monde, le Figaro, Libération sont vendus
dans toute la France. Ils contiennent des
informations politiques, économiques
sociales et culturelles.*

Les quotidiens régionaux
*Chaque région a son journal. Ouest-France
(pour la Normandie, la Bretagne, etc.) est le
plus vendu : 800 000 exemplaires par jour.
Ces journaux contiennent des informations
générales et des informations locales (vie
des communes – fêtes locales – spectacles, etc.).*

Les magazines hebdomadaires
*Ils contiennent des informations, des dossiers
spéciaux... et sont très illustrés, souvent en
couleur.
L'hebdomadaire le plus vendu est Télé 7 jours
(3 millions d'exemplaires). Il contient les programmes de la télévision.
Et bien sûr les Français s'informent aussi par
la télévision et par **la radio**.*

**Est-ce différent dans votre pays ?
Comment préférez-vous
vous informer ?
Par la presse écrite, la radio,
la télévision ?**

LEÇON 4 — ACTIVITÉS

PHONÉTIQUE

GROUPES CONSONANTIQUES
Son explication est extraordinaire.
Il y a une photo de cette sculpture
  dans le dictionnaire.

MÉCANISMES

- *Vous réparez votre voiture ?*
  Non, je la fais réparer.
- *Il construit sa maison ?*
  Non, il la fait construire.

---

6. CONTINUEZ en employant la forme faire + infinitif

- *Ma voiture ne marche pas bien. Je vais chez le garagiste et je …*
- *Son costume est sale. Il l'apporte chez le teinturier. Il …*
- *Mes cheveux sont trop longs. Je vais chez le coiffeur. Je …*
- *Nous voulons une maison. Nous allons voir un maçon pour …*

---

7. REGARDEZ *cette publicité pour l'ordinateur TZ 77.* **Imaginez des publicités sur le même modèle pour :**

un couturier
une entreprise de construction
un décorateur
une banque
un peintre

Ne vous fatiguez plus !
FAITES TRAVAILLER
l'ordinateur TZ 77 !

---

8. CARACTÉRISEZ *les actions suivantes avec des adverbes en « ment »*

Le voleur est entré dans la maison (sans faire de bruit) — silencieusement
- *Il est sorti de la maison (**il s'est dépêché**) …*
- *M. Dupuis ouvre la lettre (**il est nerveux**) …*
- *Elle prépare son examen (**avec courage**) …*
- *Sylvie a attendu Nicolas (**elle est patiente**) …*
- *On entre dans cette bibliothèque (**c'est facile**) … et on peut emprunter des livres (**c'est gratuit**) …*
- *Le vieil homme lit le journal (**il ne lit pas vite**) …*

---

9. JOUEZ LES SCÈNES. **Ils ne sont pas contents. Ils protestent.**

DOUBLES CONSONNES PRONONCÉES *Je me marie demain.* *Il le voit. Elle l'a vu.* *Il n'y a pas de danger.*	• *Est-ce que Pierre et Nicolas mangent autant que moi?* *Pierre mange plus, Nicole mange moins.*

---

10. COMPAREZ *votre pays à d'autres pays que vous connaissez (ou comparez votre région à d'autres régions que vous connaissez)*

Comparez la nourriture, les loisirs, les vêtements, etc.

Qu'est-ce qu'on y fait { plus? moins? autant? }   Il y a { plus de … moins de … autant de … }

« Les Anglais boivent plus de thé que les Français … »   *Discutez*

---

11. ÊTES-VOUS POUR OU CONTRE? *Discutez (en groupe) les affirmations suivantes :*

* *Il faut interdire de fumer dans les cafés. Il faut augmenter le prix du tabac.*
* *Il faut apprendre une langue étrangère aux enfants de 4 ans.*
* *Les cours doivent commencer plus tôt le matin et finir plus tôt le soir.*
* *Dans les écoles, il faut faire 5 heures de musique par semaine.*
* *Il faut diminuer les impôts.*
* *Il faut interdire la politique à la télévision.*

---

12. ÉCRIVEZ POUR PROTESTER. *Vous avez commandé le « baladeur ». Vous avez reçu l'appareil mais il ne marche pas*

LEÇONS VERS L'AVENIR

4 NOVEMBRE

Madame Morin est inquiète.

Pascal : Si ces fouilles continuent, vous aurez moins de terres.

Mme Morin : Et si on construit la ville touristique, ma propriété disparaîtra.

Pascal : Mais on vous paiera votre ferme.

Mme Morin : Je me moque de l'argent… C'est mon grand-père qui a acheté cette propriété. C'est lui qui a planté le bois de pins. Voilà pourquoi j'aime cet endroit.

Pascal : C'est l'ancienne Camargue que vous regrettez ?

Mme Morin : Oui, la Camargue des traditions, la Camargue des chevaux sauvages… Tout cela va changer.

10 NOVEMBRE

Le maire de Saint-Sauveur organise une réunion.

Le maire : Mesdames, Messieurs… Quel est l'avenir de notre région ?
C'est, bien sûr, le développement du tourisme et de l'agriculture. C'est peut-être, l'exploitation du pétrole. Mais, c'est surtout notre paysage unique au monde !
Voici nos décisions :
Nous ne construirons pas la ville que M. Girard a imaginée. Autour du site archéologique, nous aménagerons un parc de loisirs qui attirera les touristes. Dans ce parc, nous construirons des hôtels, des restaurants, des équipements sportifs et un grand musée de la nature.
Si on trouve du pétrole, l'exploitation ne devra pas détruire le paysage.
Nous n'abandonnerons pas les agriculteurs qui vont perdre leur propriété.
Nous leur donnerons de nouvelles terres et des subventions.
Souriez, Madame Morin ! La Camargue que vous aimez ne va pas mourir.
Je vous le promets.

LA CAMARGUE
Terre d'hier et de demain

Des paysages où des chevaux et des taureaux vivent en liberté.
Un pays qui a gardé ses traditions.

Une terre qui produit du riz, du blé, de la vigne, des arbres fruitiers...

Une région où viennent des milliers de touristes.

RAPHO-Sylvester

RAPHO-Windenberger

RAPHO-Mopy

LEÇONS VOCABULAIRE ET GRAMMAIRE

■ L'EXPRESSION DE LA CONDITION

Si + verbe au présent ...... verbe au futur.

*Si je gagne,
j'achèterai une nouvelle voiture.*

*Si je perds,
qu'est-ce que je vais faire ?*

■ PRÉSENTER avec « C'est... qui », « C'est... que »

Le grand-père de Mireille	a acheté	une ferme	dans la région
sujet		complément direct	complément de lieu

Présentation du...	Construction
sujet (personne ou chose) **qui**	*C'est* le grand-père de Mireille **qui** a acheté cette ferme. *C'est* lui qui a acheté la ferme.
complément direct (personne ou chose) **que**	*C'est* la ferme **que** le grand-père de Mireille a achetée.
lieu **où**	*C'est* la région **où** le grand-père de Mireille a acheté une ferme.

*C'est Pierre **qui** chante.*   *C'est Pierre **que** je préfère.*   *C'est la maison*
*C'est moi **qui** paie !*   *C'est toi **que** j'aime !*   *où je suis né(e).*
*C'est cette maison **qui** te plaît?* *C'est ce livre **que** j'adore.*

■ LE PAYSAGE

une montagne – une plaine – une vallée

une forêt – un bois   (de pins, de sapins, ...)
un arbre – une fleur - une feuille – l'herbe
une rivière – un lac – un étang

■ LES ANIMAUX

un chien – un chat

un cheval (des chevaux)
un oiseau
une mouche
un moustique

■ FAIRE DES NOMS AVEC DES VERBES

exploiter → l'exploitation   **développer** → le développement
produire → la production   **équiper** → l'équipement
organiser → l'organisation   **aménager** → l'aménagement
construire → la construction   **changer** → le changement

■ CARACTÉRISER PAR UNE PROPOSITION RELATIVE

• L'homme **qui entre dans le bar** est un grand chanteur.
Pouvez-vous me donner le livre **qui est sur la table** ?
• *Les amis* **que j'ai invités** *sont tous venus.*
J'aime bien les dessins **qu'il fait.**
• *La région* **où vous allez passer vos vacances** *est magnifique.*

■ L'ÉCONOMIE

l'agriculture
l'industrie (textile, chimique, pétrolière, automobile, informatique, etc.)
le bâtiment
le tourisme
le commerce (importer/exporter)

■ LE CHANGEMENT

changer *(la région change)*
se développer *(le tourisme s'est développé dans le sud de la France)*

devenir *(le Sud est devenu une région touristique)*
abandonner *(ils ont abandonné leur ferme)*
détruire *(le feu a détruit la forêt)*
regretter *(elle regrette son ancienne maison)*
se moquer de *(il se moque des traditions)*

le passé – l'avenir – une tradition

Devenir
Je deviens
Il devient
Nous devenons
Ils deviennent

■ PROMETTRE

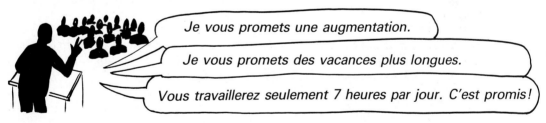

Je vous promets une augmentation.

Je vous promets des vacances plus longues.

Vous travaillerez seulement 7 heures par jour. C'est promis !

■ EXPRIMER LE MALHEUR/LE BONHEUR

pleurer
sourire

Je suis malheureux !
Je suis triste !
Je suis déçu !
Ça ne me fait pas plaisir !

Je suis heureux !
Je suis content !
Je suis satisfait !
Ça me fait très plaisir !

• **faire plaisir à . . .**

Rire
Je ris
Il rit
Nous rions
Ils rient

ACTIVITÉS

 A

PHONÉTIQUE

INTONATION
C'est Pierre que j'invite.
C'est moi qui paie.
C'est cette maison que je veux.

MÉCANISMES

• **Mme Morin est propriétaire de cette ferme?**
Oui, c'est Mme Morin qui est propriétaire
de cette ferme.
• **Vous cherchez un appartement ou une villa?**
C'est une villa que je cherche.

1. DONNEZ *la définition des mots suivants comme dans l'exemple*

Un maire : c'est quelqu'un qui administre une commune
Un PDG – un chômeur – un coiffeur – une infirmière – un office de tourisme
– un centre culturel – une banque – un parc de loisirs

2. IMAGINEZ LE DIALOGUE. *L'appartement de la grande voyageuse.*
Il lui demande ce que c'est. Elle répond

Lui : « Le tapis qui est sous la table, qu'est-ce que c'est? »
Elle : « C'est un tigre que j'ai tué en Inde »

3. CONTINUEZ LEURS PENSÉES

S'il y a un bon programme ce soir à la télé . . .

Si j'ai une augmentation de salaire . . .

Si je gagne à la loterie

Si Jacques est libre samedi . . .

Si Marie est libre . . .

S'il fait beau dimanche . . .

4. IMAGINEZ-LES. *Ils posent leurs conditions*

Le mari : « *Est-ce que nous sortirons jeudi soir ?* » – **La femme** : « *Si je ne suis pas fatiguée. S'il n'y a pas un bon film à la télé* »
Le fils : « *Maman, tu m'achèteras une vidéo* » – **La mère** : « *Si...* »
Le malade : « *Est-ce que je guérirai bientôt ?* » – **Le médecin** : « *Si...* »
Pierre : « *Est-ce que tu peux me prêter 100 F ?* » – **Jacques** : « *Si...* »
Les enfants : « *Est-ce que nous irons nous promener dimanche ?* » – **Les parents** : « *...* »
L'ouvrier : « *Est-ce que j'aurai une augmentation ?* » – **Le patron** : « *...* »

5. LE MONDE CHANGE. *Est-ce que vous regrettez le passé que vous avez connu ? Est-ce que vous voudriez vivre à une époque que vous n'avez pas connue ?*

Les soirées de l'ancien temps

Les transports du siècle dernier

Les écoles d'avant

Les rencontres du passé

PHONÉTIQUE	MÉCANISMES
INTONATION *La région que je préfère, c'est la Bourgogne.* *Le riz que vous mangez est produit en Camargue.*	• *Un oiseau chante. Écoutez-le.* *Écoutez l'oiseau qui chante.* • *J'ai acheté un livre. Lisez-le.* *Lisez le livre que j'ai acheté.*

LEÇONS ACTIVITÉS

---

6. COMPLÉTEZ CE DIALOGUE avec « qui » ou « que »

Deux concierges bavardent :
– Vous connaissez la jeune fille . . . passe ?
– Oui, c'est la fille des gens . . . habitent la belle maison de la rue . . . va à la gare.
– Ah oui, la maison . . . est à côté de la poste.
– C'est ça. C'est une maison . . . j'aime beaucoup.
– Moi aussi. Surtout le jardin . . . est devant.
– Ce sont des gens . . . je ne vois jamais.
– C'est normal. Lui, il travaille la nuit. C'est lui . . . on entend à la radio entre minuit et six heures du matin. Alors bien sûr, il dort dans la journée. Elle, elle est écrivain. C'est elle . . . a écrit « Les enquêtes de l'inspecteur Darot ». Elle ne sort jamais.

---

7. RELIEZ LES DEUX PHRASES comme dans le modèle

• Nous allons construire un parc de loisirs. Il attirera les touristes.
Nous allons construire un parc de loisirs qui attirera les touristes.

• Annie a une nouvelle robe. Je ne l'aime pas.
• Pascal a des amis étrangers. Ils sont très sympathiques.
• Rémi a une amie anglaise. Je la connais.
• La Camargue est une belle région. Les touristes l'aiment beaucoup.
• Nicolas a une voiture de sport. Elle va très vite.

---

8. VOICI LES CHIFFRES du commerce de la France (en milliards de francs). **Que faut-il développer ?**

■ **Imaginez le discours d'un homme politique français**

« Il faut développer . . .
Nous devons . . . . . . »

Secteurs de l'économie	import.	export.
agriculture et pêche	51	70
industries agro-alimentaires	65	73
énergie	111	21
fer	7	2
machines	180	189
transports (automobiles, trains, etc.)	36	53
industries pharmaceutiques	3	12
vêtements	17	12
chaussures	9	4

(chiffres de 1986)

9. ÉCOUTEZ SON DISCOURS. Quels sont ses projets ? Qu'est-ce qu'il promet ?

aux agriculteurs . . .
aux industriels . . .
aux entreprises de construction . . .
aux professeurs . . .
aux ouvriers . . .
aux patrons . . .
à tous . . .

10. LISEZ CE DOCUMENT

Il y a en France environ 30 parcs régionaux. Leur rôle est de protéger la nature (les animaux et les plantes).
Dans ces zones, la construction de bâtiments et la chasse sont interdites. L'agriculture et le tourisme sont règlementés. Il existe aussi des réserves biologiques. Ce sont des zones où personne ne peut entrer.

Êtes-vous pour ou contre l'aménagement de parcs et de réserves ?

PHONÉTIQUE	MÉCANISMES
[j] - [lj]	• **Je passe mes vacances dans cette région.**
J'ai un billet.	**C'est la région où je passe mes vacances.**
Il y a des milliers de touristes.	
Il est riche. Il a des milliards.	

11. RÉDIGEZ UN DOCUMENT PUBLICITAIRE pour la ville de Montpellier. Utilisez les informations ci-dessous. Votre publicité doit attirer les touristes.

Montpellier est la capitale du Languedoc. C'est une ville de 250 000 habitants. Le climat y est doux et ensoleillé pendant une grande partie de l'année. La ville a gardé des vestiges d'un riche passé. On y trouve de beaux monuments : un arc de triomphe du 17e siècle, et une cathédrale construite à partir du 14e siècle. Dans le centre de la ville il y a de magnifiques maisons anciennes. Mais le plus bel endroit de la ville, c'est la promenade du Peyrou, un jardin en terrasses aménagé au 18e siècle, d'où on peut voir la mer.

Mais Montpellier est aussi célèbre pour son Université, la plus ancienne de France après l'Université de Paris. On peut y étudier la médecine, le droit, les sciences, les lettres et l'agronomie.

Montpellier est une ville tournée vers l'avenir. On y développe des industries modernes. On y construit de nouveaux quartiers.

Enfin, Montpellier est à 10 kilomètres de la mer Méditerranée, une mer bordée par d'immenses plages de sable fin.

Le quartier Antigone, à Montpellier

UNITE4 | *BILAN*

VOUS SAVEZ...

1. ... PARLER AU FUTUR

■ Que fera Mme Morin demain?
« *Demain, elle ... »*

• *Qu'est-ce qu'elle dit?*

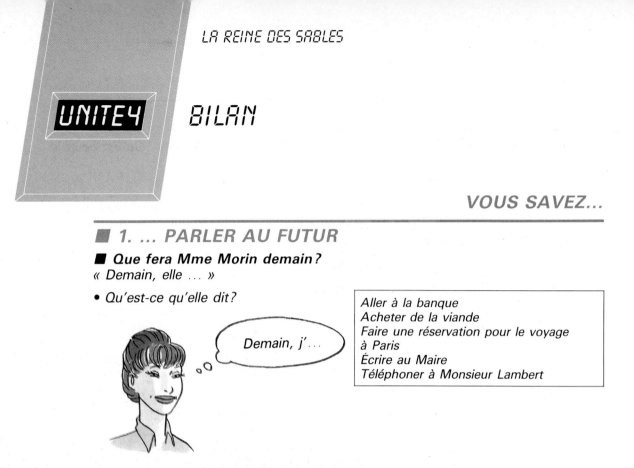

Demain, j'...

> *Aller à la banque*
> *Acheter de la viande*
> *Faire une réservation pour le voyage à Paris*
> *Écrire au Maire*
> *Téléphoner à Monsieur Lambert*

■ Qu'est-ce qu'ils viennent de faire? Qu'est-ce qu'ils sont en train de faire? Qu'est-ce qu'ils vont faire?

8 h 00	Maintenant	8 h 30
Elle téléphone à son ami	*Elle se prépare*	*Elle retrouve son ami au restaurant*
Il rentre chez lui	*Il se déshabille*	*Il prend une douche*
Ils arrivent au cinéma	*Ils achètent les billets*	*Ils voient un western*
Je tombe en panne	*J'essaie de réparer*	*J'appelle un garagiste*
Le ministre se lève	*Il parle du chômage*	*Il parle des impôts*

2. ... UTILISER LES PRONOMS

■ Répondez
• *Est-ce que Mme Morin cultive de la vigne?*
• *Est-ce que M. Girard a un projet de ville touristique?*
• *Est-ce qu'il y a beaucoup d'industries en Camargue?*
• *Est-ce que Mme Morin aime les touristes?*
• *Est-ce que la société Petrolonor a trouvé du pétrole en Camargue?*

■ Remplacez les mots soulignés par un pronom
• *Je suis allé à Paris. Je viens* **de Paris.**
• *Il a acheté une carte de l'Italie. Il va* **en Italie** *passer ses vacances.*
• *Elle connaît bien Montpellier. Elle habite* **à Montpellier.**
• *Il fait souvent beau sur la Côte d'Azur. Il ne pleut pas beaucoup* **sur la Côte d'Azur.**
• *Hier nous sommes allés à la Comédie-Française. Nous avons vu une pièce de Victor Hugo à la* **Comédie-Française.**

■ **Répondez. D'accord... pas d'accord...**

	D'accord	Pas d'accord
On va au cinéma?	Allons-y	. . . .
Je peux prendre un café?	. . . .	. . . .
Nous déjeunons au restaurant?	. . . .	. . . .
Je peux emprunter de l'argent?	. . . .	. . . .
Est-ce que j'achète du pain?	. . . .	. . . .

▧ 3. ... DÉCRIRE – COMPARER

■ **Comparez ces deux sœurs. Est-ce qu'elles se ressemblent? Remarquez-vous des différences?**

■ **Comparez leur taille et leur poids**

	Taille	Poids
Jacques	1,70 m	65 kg
Paul	1,80 m	80 kg
André	1,65 m	60 kg
Michel	1,70 m	70 kg
Didier	1,65 m	60 kg

Comparez
Jacques et André
Jacques et Michel
André et Didier
Didier et Paul
Jacques et Paul

« Jacques est ... grand ... André. Il pèse ... André »

■ **Comparez-les**
Annie est paresseuse. Sophie est travailleuse. Anne travaille ... Sophie.
Nicole est rapide. Michèle est lente. Nicole court ... Michèle.
Corinne est timide. Valérie est bavarde. Corinne parle ... Valérie.
Odile est souriante. Jeanne est désagréable. Odile sourit ... Jeanne.
Nicolas est un bon chanteur. Roland ne chante pas bien. Nicolas chante ... Roland.

■ **Complétez avec trop (de) – assez (de) – pas assez (de)**
J'ai mal à la tête. J'ai ... fumé, hier soir.
Elle aime le soleil. Cet appartement n'est ... clair pour elle.
Il n'a plus faim. Il a ... mangé.
Nous allons pouvoir acheter une maison. Nous avons ... argent.
Mme Morin n'a ... terres; elle ne produit ... pour gagner sa vie.
Je n'ai pas dormi cette nuit. Il y avait ... bruit dans la rue.
Jacques a perdu à la course. Il n'est ... rapide.
Elle a mal au ventre. Elle a ... mangé.
Il est fatigué. Il n'a ... dormi.

UNITE4   *BILAN*

■ 4. ... CARACTÉRISER PAR UNE PROPOSITION RELATIVE

■ *Complétez ce dialogue*

– *La Camargue est une région ... j'aime bien aller.*
– *Moi aussi. C'est une région ... j'aime bien.*
– *Vous connaissez la petite route ... va d'Arles aux Saintes-Maries-de-la-Mer?*
– *Bien sûr. C'est la route ... je prends toujours pour aller chez des amis ... habitent en Camargue. Ils ont une ferme ... je vais passer mes vacances.*
– *Alors, vous connaissez bien les Saintes-Maries-de-la-Mer?*
– *Oui, c'est le village ... je préfère. C'est un endroit ... a gardé ses traditions et son folklore.*

■ 5. ... CARACTÉRISER PAR UN ADVERBE

■ *Caractérisez les actions suivantes par les adverbes : très – patiemment – heureusement – lentement – sérieusement*

• *André n'est pas rapide. Il travaille ...*
• *Nous n'avions pas fait de réservation à l'avance. ... nous avons eu de la place.*
• *Il est à l'hôpital pour longtemps. Il est ... malade.*
• *M. Dupuis étudie les dossiers avec sérieux. Il travaille toujours ...*
• *Finissez votre travail. Nous ne sommes pas pressés. Nous vous attendrons ...*

■ *Complétez avec bon, bien, mieux, meilleur, le meilleur*

– *Vous connaissez un ... restaurant?*
– *Allez au restaurant du Port. Vous verrez on y mange ... C'est un ... restaurant.*
– *Mais il y a un autre restaurant au bord de la mer : le restaurant « La Langouste ».*
– *Oui, mais le Restaurant du Port est ... . Et cette année, on y mange ... que l'année dernière. Maintenant, c'est le fils qui fait la cuisine, il est ... cuisinier que son père.*

■ 6. ... PARLER DU TEMPS, DU CLIMAT

■ *Rédigez, d'après la carte, le bulletin météorologique de la journée de demain*

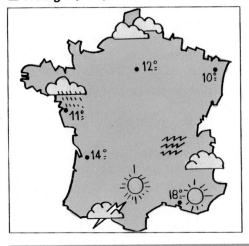

Prévisions pour la journée de demain

En Bretagne, ...

■ 7. ... *EXPRIMER* une condition et une conséquence

■ Complétez en imaginant la condition ou la conséquence

- *Les ouvriers feront grève si ...*
- *Nous irons nous promener dans la forêt si ...*
- *Je sortirai bientôt de l'hôpital si ...*
- *Il achètera une nouvelle voiture si ...*
- *Si l'eau de la mer n'est pas froide, nous ...*
- *Si Mme Morin peut acheter d'autres terres, elle ...*
- *S'il pleut dimanche, nous ...*
- *Si je vais en Camargue, je ...*

■ 8. ... *DEMANDER UNE AUTORISATION POUR DIRE*

■ Ils demandent l'autorisation. Qu'est-ce qu'ils disent?
Qu'est-ce qu'on leur répond?

■ 9. ... *EXPLIQUER UN ITINÉRAIRE*

■ Expliquez-lui comment aller de la poste à la gare.

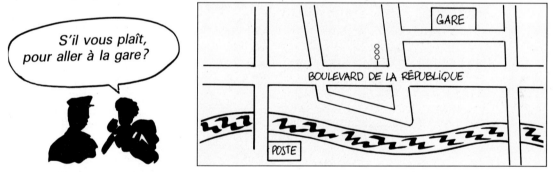

■ 10. ... *PARLER DE L'ÉCONOMIE, DE LA POLITIQUE*

■ Complétez

Il ne trouve pas d'emploi. C'est un ... — Les ouvriers sont heureux: On vient d'... leur salaire — Pour mettre tout le monde d'accord le maire de Saint-Sauveur ... une réunion — Le Premier ministre est le chef du ... — Si les impôts augmentent, si les salaires n'augmentent pas, les syndicats demanderont aux ouvriers de ...

■ 11. ... *PARLER DES MÉDIAS*

■ Complétez

Écoutez la radio ce soir à 21 h. Il y a une très bonne ... littéraire — J'ai appris une bonne ... dans le journal d'aujourd'hui. Nous aurons 15 jours de vacances à Noël — Je veux vendre mon appartement. J'ai mis une ... dans le journal — Le Point, Le Nouvel Observateur et L'Express sont des ...

◼ LA FRANCE

◼ **Dans quels départements se trouvent les principales villes de France.**

◼ **Énumérez les différents lieux que vous avez rencontrés au cours des leçons. Situez-les approximativement sur la carte.**

Population en 1997	
France : 56 millions d'habitants	
Principales villes avec leur banlieue	
Paris :	9 320 000
Lyon :	1 262 000
Marseille :	1 230 000
Lille :	1 100 000
Bordeaux :	840 000
Toulouse :	650 000
Nice :	560 000

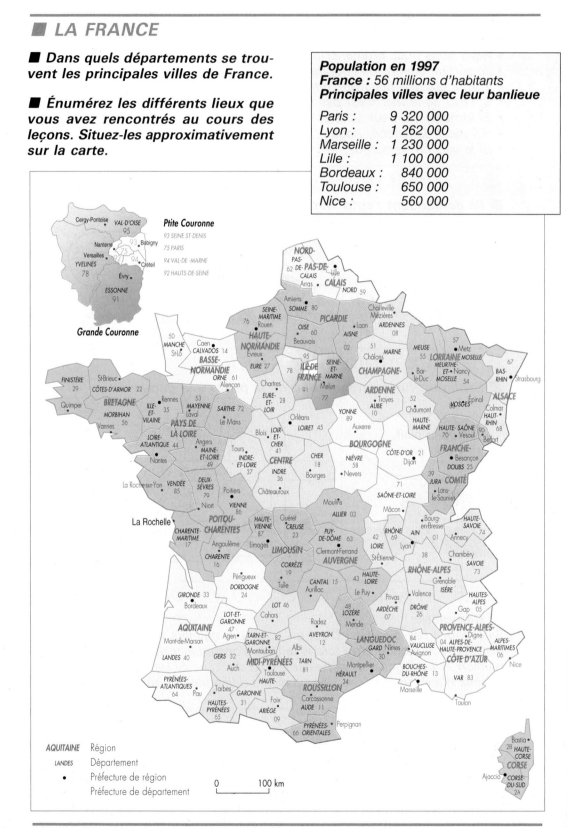

■ *Quelles informations pouvez-vous donner sur ces lieux :*
- *caractéristiques physiques;*
- *production agricole, industrielle...*
- *intérêt touristique.*

■ *Racontez et rejouez les scènes qui se passent dans ces lieux.*

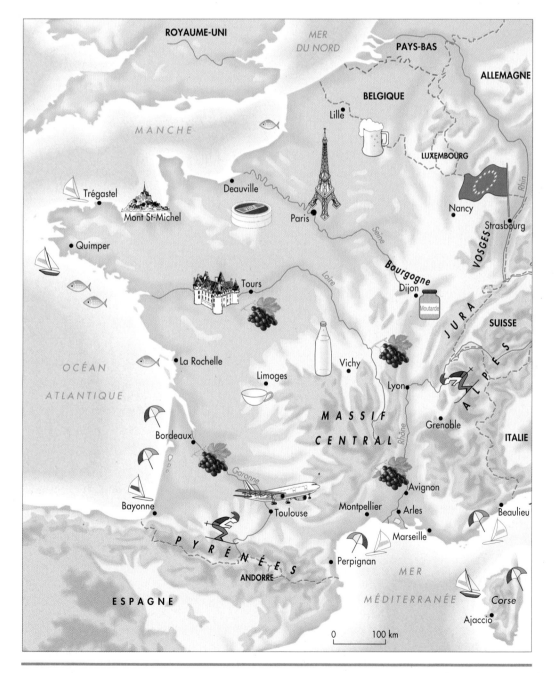

Ce bilan présente toute la grammaire introduite dans les pages « vocabulaire et grammaire ».
Il comporte des regroupements qui permettront d'avoir une idée d'ensemble à propos des faits grammaticaux appris.
I, II, III, IV renvoient à l'unité.
1, 2, 3, 4, 5 renvoient à la leçon.

■ 1. POUR NOMMER LES PERSONNES ET LES CHOSES

a. articles indéfinis − articles définis (I 2)

	masculin	féminin	pluriel
articles indéfinis	**UN** J'ai un livre	**UNE** J'ai une voiture	**DES** J'ai des amis
articles définis	**LE** J'ai le livre de Paul	**LA** J'ai la voiture de Paul	**LES** Je connais les amis de Paul
	L' (1) Je connais l'amie de Paul		
à **+** **article défini**	**AU** Je vais au cinéma	**A LA** Je vais à la gare	**AUX** Je vais aux États-Unis
	A L' (1) Je vais à l'hôpital		
de **+** **article défini**	**DU** L'ami du médecin	**DE LA** L'ami de la secrétaire	**DES** L'ami des enfants
	DE L' (1) Le directeur de l'hôpital		

(1) devant voyelle ou quelquefois h (hôpital − hôtel − heure, etc.)

b. devant le nom on trouve aussi d'autres articles ou adjectifs
voir 4. 5. 7. 8. ci-après

■ 2. POUR ACCORDER ADJECTIFS ET NOMS

a. masculin/féminin (I 1)

- un architecte/une architecte
- un infirmier/une infirm**ière** er → **ère**
- un chanteur/une chant**euse** teur → **teuse**
- un spectateur/une specta**trice** teur → **trice**
- un musicien/une musicie**nne** n → **nne**

b. singulier/pluriel (I 2)

- un livre/des livre**s** → **s**
- un repas/des repas s → **s**
- un chapeau/des chapeau**x** eau → **x**
- un neveu/des neveu**x** eu → **x**
- un cheval/des chev**aux** al → **aux**
- un travail/des trav**aux** ail → **aux**

c. accord de l'adjectif

finales de l'adjectif	exemples	M	F
voyelle	joli (livre) - jolie (image) jolis (livres) — jolies (images)	— s	e es
-en, on	bon (livre) — bonne (bierres) bons (livres) — bonnes (bierres)	— s	nne nnes
-eau	beau (livre) — belle (image) bel (homme) beaux (hommes) — belles (images)	eau/-el eaux	elle elles
-er	(livre) cher — (maison) chère (livres) chers — (maisons) chères	er ers	ère ères
t-, -d	grand (livre) — grande (maison) grands (livres) — grandes (maisons)	— s	e es (on prononce la consonne au féminin)
-s	gros (livre) — grosse affaire gros (livres) — grosses affaires	— —	sse sses (on prononce la consonne au féminin)
-s	(chapeau) gris — (chemise) grise (chapeaux) gris — (chemises) grises	— —	e es on prononce (z) au féminin
-f	(homme) sportif — (femme) sportive (hommes) sportifs — (femmes) sportives	— s	ve ves
-g	long (voyage) — longue (route) longs (voyages) — longues (routes)	— s	gue gues
-x	(homme) heureux — (femme) heureuse (hommes) heureux — (femmes) heureuses	— —	se ses

■ 3. POUR REMPLACER les noms — les choses — les idées

a. Pour parler de (II 3)

- la/les personne(s) qui parle(nt) : **je nous on**
- les personnes à qui on parle : **tu/vous** (singulier) — **vous** (pluriel)
- les personnes et les objets définis : **il/elle, ils/elles**

• *des personnes, des choses indéfinies*

quelqu'un/personne   *Quelqu'un est venu − Personne n'est venu*
                         J'ai vu quelqu'un − Je n'ai vu personne

quelque chose/rien   *Quelque chose fait du bruit − Rien ne manque*
                         J'ai vu quelque chose − Je n'ai rien vu

tout le monde   *Tout le monde est venu*

b. Pour remplacer un nom (ou un pronom) (II 3.5, IV 1)

Le choix du pronom dépend : − du nom (ou pronom) remplacé
− de la préposition qui est devant ce nom

TABLEAU DES PRONOMS

		je	*tu*	*il elle*	*nous*	*vous*	*ils elles*
1 après toutes les préposi- tions et l'impératif	personnes	*moi*	*toi*	*lui elle*	*nous*	*vous*	*eux elles*
2 nom introduit sans préposition	personnes et choses	*me*	*te*	*le l' la*	*nous*	*vous*	*les*
3 nom introduit par **à**	**a** personnes	*me*	*te*	*lui*	*nous*	*vous*	*leur*
	b choses et lieux			*y*			*y*
4 nom introduit par **de** ou précédé d'un indéfini ou partitif	choses et lieux			*en*			*en*

EXEMPLES DE CONSTRUCTIONS

1. Elle vient avec moi.

2. Elle me regarde.
   Elle le prend.

3. Elle lui parle.
   Elle y va.

4. Elle en prend.
   Elle en vient.

▪ 4. POUR PRÉSENTER – POUR MONTRER

a. La phrase présentative (I 2)

C'est { Marie / la voiture de Marie

C'est/ce sont { Pierre et Marie / les livres de Pierre

Voici/voilà { Pierre – Pierre et Marie / la voiture – les livres de Marie

b. L'adjectif démonstratif (II 1)

Donnez-moi { **ce** livre (masc. sing.)
cet objet (masc. sing. devant voyelle)
cette photo (fém. sing.)
ces livres – **ces** objets – **ces** photos (pluriel)

c. ça

Regardez-**ça**!

▪ 5. POUR INTERROGER

a. intonation : Tu viens?
b. est-ce que : Est-ce que tu viens?
c. inversion du sujet :
Parlez-vous français?   Pierre parle-t-il français?

d. interrogation négative

Tu ne viens pas demain?   Est-ce que tu ne viens pas?   Ne vient-il pas demain?

c. interrogation sur :

• **les personnes : Qui** vient? – **Qui** est-ce qui vient?
Qui amène Paul? – **Qui** est-ce qui amène Paul?
Avec qui
Pour qui } Paul travaille-t-il?
etc.

• **les choses : Qu'**est-ce que c'est?
Qu'est-ce qui fait du bruit   (la chose est sujet)

Qu'est-ce que tu fais?   (la chose est complément)
Tu fais **quoi**?

f. Le choix : Quel (m.s) – **Quelle** (f.s.) – **Quels** (m.p) – **Quelles** (f.p.)
Quels romans préfères-tu?

g. Voir aussi interrogation sur le lieu (9) – le temps (10) – la quantité (8) – la caractérisation (7)

■ 6. POUR NIER : LA NÉGATION

I 1	**Cas général**	Elle ne va pas au cinéma Il n'arrive pas à l'heure	ne... pas n'... pas
I·4 II 2 IV 1	**Le verbe est suivi :** d'un article indéfini d'un article partitif d'un mot de quantité	Il n'a pas de voiture Elle ne boit pas d'eau Je n'ai pas assez de temps	ne (n') ... pas de (d')
I 3	**verbe + verbe**	Elle ne veut pas manger Elle ne veut pas boire	ne + verbe + pas + verbe (+ de)
III 3	**passé composé**	Il n'a pas mangé	ne + avoir (être) + participe passé
I 4	**impératif**	Ne va pas voir cette pièce	ne... pas

■ 7. POUR QUALIFIER – CARACTÉRISER

a. Pour caractériser les personnes et les choses (I 1-5)

les moyens de caractériser

• **l'adjectif :** un **joli** livre
           ce livre est **joli**

• **la construction avec préposition (I 2)**

une rue **de** Paris
une robe **de** laine – une robe **en** laine

• **le pronom relatif (IV 5)**

La personne ou l'objet caractérisé est :	
sujet	**qui**
complément direct	**que**
complément de lieu	**où**

C'est Marie **qui** a emprunté ce livre
La maison **que** j'ai achetée est très belle
J'aime la région **où** nous allons en vacances

b. Pour exprimer la possession (I 4)

la construction **être** + **moi/toi/lui-elle/nous/vous/eux-elles**

Cette voiture **est à lui**

• l'adjectif possessif (II 3-4)

L'objet possédé est	masculin singulier	féminin singulier	pluriel
à moi	mon	ma mon (devant voyelle)	mes
à toi	ton	ta ton (devant voyelle)	tes
à lui - à elle	son	sa son (devant voyelle)	ses
à nous	notre	notre	nos
à vous	votre	votre	vos
à eux — à elles	leur	leur	leurs

• comparatif (IV 3)

il est $\begin{cases} plus \ldots \\ aussi \ldots \\ moins \ldots \end{cases}$ (que)   NB : bon → meilleur
                                           aussi bon
                                           moins bon

Il est **plus grand que** moi

• superlatif (IV 3)

il/elle est $\begin{cases} le/la\ plus \ldots \\ le/la\ plus \ldots \end{cases}$ NB : bon → le meilleur
                                             le moins bon

Elle est **la plus intelligente**

• exprimer la similitude (IV 3)

même : elle a la même robe (que moi) — c'est la même

On peut aussi utiliser des adjectifs (pareil/différent) ou des verbes (ressembler à . . .)

c. Pour caractériser une action

les moyens de caractériser (IV 4)

• l'adverbe : — vite — bien — mal — fort etc...
— adverbe formé à partir de l'adjectif
rapide → rapidement

• les constructions avec préposition

Il vient à pied — en voiture ... Il chante avec passion

la comparaison des actions (IV 4)

plus
aussi } adverbe { que   NB : bien → mieux
que
                                        aussi bien
                                         moins bien

Marie chante **plus fort que** Michelle — Michelle chante **mieux** (que Marie)

■ 8. POUR EXPRIMER LA QUANTITÉ

a. Pour exprimer la quantité des choses (II 2)

on peut compter la chose (livre − stylo − maison)	**un, une, des** **deux, trois, quatre** . . .	**quelques**	**beaucoup**
on ne peut pas compter la chose (eau − sable − vent)	**du, de la**	**un peu de**	**beaucoup de**

Pour apprécier la quantité des choses **(III 4)**

• **encore/ne . . . plus de**   *Il y a* **encore** *du thé/des arbres*
                               Non, il **n'y** *a* **plus de** *thé/d'arbres*

• **ne . . . pas assez de . . ./assez de . . ./trop de . . .** **(IV 1)**

Je n'ai **pas assez d'***argent pour acheter une voiture*
Il a **assez d'***argent pour acheter une voiture*
Elle a **trop d'***argent. Elle en donne à ses amis*

Pour comparer la quantité des choses **(IV 4)**

plus de . . .
autant de . . . } **(que)**
moins de . . .

Il y a **plus d'***habitants à Londres* **qu'***à Paris*

Pour dire le poids, le prix **(II 4)**

• **Combien** *pèse-t-il?*
Il pèse 60 kilos
Ce paquet pèse 1 kg 500 (et demi)
Ça fait 1 kg 500

• **Combien** *coûte-t-il?*
Combien *ça fait?*

Ce livre coûte 20 francs
Ce stylo coûte 9,50 (centimes)
Ça fait 9 F 50

b. Pour exprimer l'importance des actions (I 3 - IV 4)

Idée générale de quantité	appréciation	comparaison
beaucoup ne . . . **pas beaucoup** ne . . . **pas du tout**	**trop** **assez** ne . . . **pas assez**	**plus (que**. . .**)** **autant (que**. . .**)** **moins (que**. . .**)**
Il parle **beaucoup** *Elle* **ne** *lit* **pas du tout**	*Il parle* **trop** *Il* **ne** *lit* **pas assez**	*Il parle* **plus que** *moi* *Elle lit* **moins que** *lui*

■ 9. POUR LOCALISER DANS L'ESPACE

a. Situation/direction générale (I 2-3)

être aller partir	**à** (villes) **en/au/aux** (pays) **au/à la/aux** (lieu général) **chez** (personnes)	Être/aller à Paris Être/aller en France Être/aller au cinéma Être/aller chez le dentiste
venir	**de** **du/de la/des** **de chez**	Venir de Paris, de France Venir de la campagne Venir de chez le dentiste
passer	**par**	Passer par l'Italie

b. Situation/direction spécifique (I 4 - II 1 - III 1)

dans
au-dessus (de)/**sous** — **au-dessous** (de) — **sur** (contact avec l'objet)
devant/derrière
à côté (de) — **près** (de) — **loin** (de)
en face (de) — **au bord** (de) — **autour** (de) — **au fond** (de) — **au milieu** (de) —
à droite (de) — **à gauche** (de) — **tout droit** (avec verbe de mouvement)
entre
partout

c. Situation/direction par rapport à la personne qui parle (II 2)

ici — **là** — **là-bas** — **là-haut**
en bas/en haut
loin/près   **à droite/à gauche**, etc.

d. Interrogation sur le lieu (II 1)

Où	Où est-il?
D'où	D'où vient-il?
Par où	Par où passe-t-il?

e. Mesures et distances (II 1-4)

- **Mesurer** — **faire** : il mesure/il fait . . . centimètre(s) — mètre(s)
- **Être à** : Lyon est à 430 kilomètres de Paris
- **Il y a** : Il y a 430 kilomètres **de** Lyon **à** Paris

f. Interrogation sur la distance

Combien { mesure/fait...?
{ y a-t-il de km de . . . à . . . ?

(I 1) — (IV 4) — (III 1) —
(III 2) — (III 3) — (III 4) —
(IV 4)
— (II 2) — (III 3) — (I 4) —
(III 3)

■ 10. POUR EXPRIMER LE TEMPS

a. Les temps des verbes

Pour exprimer une action :

- *présente* → **le présent** — *Il parle*
  → **le présent progressif** — *Il est en train de parler*

- *future* → **le futur :** *Il parlera*
  → **le futur proche** *(action proche dans le temps ou dans l'esprit) Il va parler*
  → **le présent** *(action imminente) Demain, il parle à la télévision*

- *passée* → **le passé composé** *(action principale, datée) Il a parlé pendant 1 heure (état achevé d'une action) C'est fini. Vous avez assez parlé*

  → **L'imparfait** *(action secondaire — descriptive) Il parlait quand je suis entré (action habituelle, répétée) Il parlait tous les jours à la radio*
  → **le passé récent** *(action récente) Il vient de parler.*

Voir tableaux de conjugaison

b. Pour situer dans le temps

- par rapport au moment où l'on parle

maintenant — tout de suite — tout à l'heure — avant-hier — hier — aujourd'hui — demain — après-demain — ce matin — cet après-midi — ce soir — cette nuit

ce matin, ce soir, etc.

- sans rapport avec le moment où l'on parle
à 8 h
le 1ᵉʳ janvier

avant/après
depuis/jusqu'à } *8 h, le 1ᵉʳ janvier*

- indications temporelles relatives

il se lève { **tôt/tard**
en retard — en avance
à l'heure

c. Pour exprimer la durée (III 3)

- *au présent : elle travaille* **longtemps**
  3 h par jour
  depuis 3 mois

- *au futur : elle travaillera* **longtemps**
  pendant *3 heures*
  dans *3 heures*

- *au passé : elle a travaillé* **longtemps**
  pendant *3 jours*

d. Pour exprimer le commencement, la continuation, la fin d'une action (III 4)

commencer à
continuer à
s'arrêter de
finir de
} travailler

encore/ne ... plus { – Il travaille encore
– Il ne travaille plus

e. Pour exprimer la répétition d'une action, l'habitude (III 3)

préfixe **-re** :
Il commence – Il **recommence**
fois :
Il a refait 3 **fois** son travail
encore/ne ... plus :
Il prend **encore** du gâteau
Il **ne** prend **plus** de gâteau

toujours/ne ... jamais :
Il travaille **toujours** le lundi
Il **ne** travaille **jamais** le dimanche

le = tous les
Il travaille **le** lundi = Il travaille **tous les** lundi

quelquefois-souvent

f. Pour lier les moments d'une histoire (III 4)

D'abord, après, ensuite, alors, enfin, à la fin

g. Interrogation sur le temps :

• sur le moment :
quand ...
à quelle heure, **quel** jour ...
depuis quand, depuis quelle heure ...
jusqu'à quand, jusqu'à quelle heure ...

• sur la durée :
pendant combien de temps ...
depuis combien de temps ...
dans combien de temps ...

■ 11. POUR EXPRIMER LES RELATIONS

• *et* *(addition et liaison)* *(I 2)*
*Pierre **et** Marie sont venus*

ou *(choix)* *(I 3)*
*Vous prenez du café **ou** du thé?*

mais *(opposition)* *(I 3)*
*Il a beaucoup travaillé **mais** il n'a pas fini son travail*

pour *(but)* − *interrogation :* *pourquoi* *(II 3)*
*Pourquoi sort-il? − **Pour** aller acheter du pain*

parce que *(cause)* − *interrogation :* *pourquoi* *(III 5)*
*Pourquoi sort-il? − **Parce qu'**il doit aller acheter du pain*

si *(condition)* − *construction* *si* + *présent* → *futur* *(IV 5)*
***Si** tu veux nous irons nous promener*
***S'**il pleut nous ne sortirons pas*

■ 12. POUR RAPPORTER LES PAROLES DE QUELQU'UN (III5)

La phrase rapportée est :		
une affirmation ou **une négation**	dire que	*Elle dit que Jacques est malade*
une phrase impérative	dire de demander de	*Elle lui dit de partir* *Il lui demande de rester*
une interrogation	demander si ... qui ... ce que ... où, etc.	*Elle demande si vous êtes malade* *Elle demande qui est votre médecin* *Elle demande ce que vous allez faire* *Elle demande où vous allez*

Mode de lecture des tableaux des verbes type ci-après

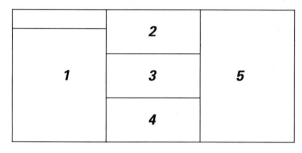

1. présent du verbe type
2. 1re personne de l'imparfait
3. 1re personne du futur
4. impératif (2e personne)
5. autres verbes se conjuguant de manière semblable

LISTES DES PARTICIPES PASSÉS IRRÉGULIERS

aller → allé
apprendre → appris
asseoir (s') → assis
attendre → attendu
avoir → eu
battre (se) → battu
boire → bu
choisir → choisi
comprendre → compris
conduire → conduit
connaître → connu
construire → construit
courir → couru
croire → cru
découvrir → découvert
défendre → défendu
démolir → démoli
descendre → descendu
détruire → détruit
devenir → devenu
devoir → dû
dire → dit

dormir → dormi
écrire → écrit
entendre → entendu
être → été
faire → fait
falloir → fallu
finir → fini
guérir → guéri
interdire → interdit
lire → lu
mentir → menti
mettre → mis
mourir → mort
offrir → offert
ouvrir → ouvert
partir → parti
peindre → peint
perdre → perdu
permettre → permis
plaire → plu
pleuvoir → plu
pouvoir → pu

prendre → pris
prévoir → prévu
produire → produit
promettre → promis
recevoir → reçu
reconnaître → reconnu
réfléchir → réfléchi
rendre → rendu
répondre → répondu
réussir → réussi
rire → ri
savoir → su
sentir → senti
sortir → sorti
sourire → souri
suivre → suivi
traduire → traduit
vendre → vendu
venir → venu
vivre → vécu
voir → vu
vouloir → voulu

Conjugaison complète
- *des principaux verbes irréguliers : être − avoir − aller,*
- *d'un verbe en -er,*
- *d'un verbe pronominal.*

	PRÉSENT	PASSÉ COMPOSÉ	IMPARFAIT	FUTUR	IMPÉRATIF
AVOIR	J'ai Tu as Il a Nous avons Vous avez Ils ont	J'ai eu Tu as eu Il a eu Nous avons eu Vous avez eu Ils ont eu	J'avais Tu avais Il avait Nous avions Vous aviez Ils avaient	J'aurai Tu auras Il aura Nous aurons Vous aurez Ils auront	Aie Ayons Ayez
ÊTRE	Je suis Tu es Il est Nous sommes Vous êtes Ils sont	J'ai été Tu as été Il a été Nous avons été Vous avez été Ils ont été	J'étais Tu étais Il était Nous étions Vous étiez Ils étaient	Je serai Tu seras Il sera Nous serons Vous serez Ils seront	Sois Soyons Soyez
REGARDER	Je regarde Tu regardes Il regarde Nous regardons Vous regardez Ils regardent	J'ai regardé Tu as regardé Il a regardé Nous avons regardé Vous avez regardé Ils ont regardé	Je regardais Tu regardais Il regardait Nous regardions Vous regardiez Ils regardaient	Je regarderai Tu regarderas Il regardera Nous regarderons Vous regarderez Ils regarderont	Regarde Regardons Regardez
SE LAVER	Je me lave Tu te laves Il se lave Nous nous lavons Vous vous lavez Ils se lavent	Je me suis lavé Tu t'es lavé Il s'est lavé Nous nous sommes lavés Vous vous êtes lavés Ils se sont lavés	Je me lavais Tu te lavais Il se lavait Nous nous lavions Vous vous laviez Ils se lavaient	Je me laverai Tu te laveras Il se lavera Nous nous laverons Vous vous laverez Ils se laveront	Lave-toi Lavons-nous Lavez-vous
ALLER	Je vais Tu vas Il va Nous allons Vous allez Ils vont	Je suis allé Tu es allé Il est allé Nous sommes allés Vous êtes allés Ils sont allés	J'allais Tu allais Il allait Nous allions Vous alliez Ils allaient	J'irai Tu iras Il ira Nous irons Vous irez Ils iront	Va Allons Allez

■ LES VERBES EN -ER

se conjuguent comme **regarder** (ou **se laver** s'ils sont pronominaux).
Cas particuliers :

verbes en -ger

Manger		
Je mange	je mangeais	bouger
Tu manges		
Il mange	je mangerai	
Nous mangeons		
Vous mangez	mange !	
Ils mangent		

verbes en -yer

Payer		
Je paie	je payais	envoyer
Tu paies		
Il paie	je paierai	balayer
Nous payons		
Vous payez	paie !	
Ils paient		

verbes en -eler

Appeler		
J'appelle	j'appelais	
Tu appelles		
Il appelle	j'appèlerai	rappeler
Nous appelons		
Vous appelez	appelle !	
Ils appellent		

type amener

Amener		
J'amène	j'amenais	acheter
Tu amènes		
Il amène	j'amènerai	emmener
Nous amenons		
Vous amenez	amène !	lever (se)
Ils amènent		

■ LES VERBES EN -IR

Finir		
Je finis	je finissais	choisir
Tu finis		démolir
Il finit	je finirai	guérir
Nous finissons		réussir
Vous finissez	finis !	
Ils finissent		

Ouvrir		
J'ouvre	j'ouvrais	offrir
Tu ouvres		
Il ouvre	j'ouvrirai	
Nous ouvrons		
Vous ouvrez	ouvre !	
Ils ouvrent		

Partir		
Je pars	je partais	dormir
Tu pars		mentir
Il part	je partirai	sortir
Nous partons		
Vous partez	pars !	
Ils partent		

Venir		
Je viens	je venais	devenir
Tu viens		revenir
Il vient	je viendrai	tenir
Nous venons		
Vous venez	viens !	
Ils viennent		

Courir	
Je cours	je courais
Tu cours	
Il court	je courrai
Nous courons	
Vous courez	cours !
Ils courent	

■ LES VERBES EN -RE

Vendre	je vendais	attendre
Je vends		défendre
Tu vends	je vendrai	descendre
Il vend		entendre - perdre
Nous vendons		rendre - répondre
Vous vendez	vends!	
Ils vendent		

Prendre	je prenais	apprendre
Je prends		comprendre
Tu prends	je prendrai	
Il prend		
Nous prenons		
Vous prenez	prends!	
Ils prennent		

Peindre	je peignais
Je peins	
Tu peins	je peindrai
Il peint	
Nous peignons	
Vous peignez	peins!
Ils peignent	

■ LES VERBES EN -OIR

Devoir	je devais	recevoir
Je dois		
Tu dois	je devrai	
Il doit		
Nous devons		
Vous devez	—	
Ils doivent		

Pouvoir	je pouvais	vouloir
Je peux		(futur :
Tu peux	je pourrai	je voudrai)
Il peut		
Nous pouvons		
Vous pouvez	—	
Ils peuvent		

Voir	je voyais
Je vois	
Tu vois	je verrai
Il voit	
Nous voyons	
Vous voyez	vois!
Ils voient	

Prévoir	je prévoyais
Je prévois	
Tu prévois	je prévoirai
Il prévoit	
Nous prévoyons	
Vous prévoyez	prévois!
Ils prévoient	

Savoir	je savais
Je sais	
Tu sais	je saurai
Il sait	
Nous savons	
Vous savez	sache!
Ils savent	

S'asseoir	je m'asseyais
Je m'assieds	
Tu t'assieds	je m'assiérai
Il s'assied	
Nous nous asseyons	
Vous vous asseyez	assieds-toi!
Ils s'asseyent	

■ AUTRES VERBES EN -RE

Conduire	je conduisais	construire
Je conduis Tu conduis Il·conduit Nous conduisons Vous conduisez Ils conduisent	je conduirai conduis!	détruire traduire

Croire	je croyais
Je crois Tu crois Il croit Nous croyons Vous croyez Ils croient	je croirai crois!

Dire	je disais
Je dis Tu dis Il dit Nous disons Vous dites Ils disent	je dirai dis!

Écrire	j'écrivais
J'écris Tu écris Il écrit Nous écrivons Vous écrivez Ils écrivent	j'écrirai écris!

Faire	je faisais
Je fais Tu fais Il fait Nous faisons Vous faites Ils font	je ferai fais!

Connaître	je connaissais	
Je connais Tu connais Il connaît Nous connaissons Vous connaissez Ils connaissent	je connaîtrai connais!	reconnaître

Mettre	je mettais	permettre
Je mets Tu mets Il met Nous mettons Vous mettez Ils mettent	je mettrai mets!	promettre battre (se)

Interdire	j'interdisais
J'interdis Tu interdis Il interdit Nous interdisons Vous interdisez Ils interdisent	j'interdirai interdis!

Boire	je buvais
Je bois Tu bois Il boit Nous buvons Vous buvez Ils boivent	je boirai bois!

Plaire	je plaisais
Je plais Tu plais Il plait Nous plaisons Vous plaisez Ils plaisent	je plairai plais!

Rire	je riais	
Je ris Tu ris Il rit Nous rions Vous riez Ils rient	je rirai ris!	sourire

Cette liste présente tous les mots introduits dans les pages « dialogues et documents » ainsi que dans les pages « vocabulaire et grammaire ».
Elle ne comporte pas les articles (définis, indéfinis, partitifs), les adjectifs démonstratifs, possessifs et numéraux, les pronoms personnels, les noms des jours et des mois.

Abréviations : n = nom   m = masculin   f = féminin   pl = pluriel   v = verbe
adv = adverbe   adj = adjectif   prép = préposition   conj = conjonction   interj = interjection.

I, II, III, IV renvoient à l'unité où le mot est introduit
1, 2, 3, 4, 5 renvoient à la leçon de l'unité
D, V indiquent si le mot est introduit dans la page « dialogues et documents » (D) ou dans la page « vocabulaire et grammaire » (V).

A

à (prép)	I 1 D
– aller à	I 3 D
– être à	II 4 D
– donner à	III 1 D
abandonner (v)	III 4 D
abord (d') (adv)	III 2 D
absent (adj)	III 2 D
accident (nm)	I 1 D
accord (d') (adv)	I 3 D
achat (nm)	III 1 V
acheter (v)	II 1 D
acheteur (nm)	II 1 V
actuellement (adv)	IV 2 D
addition (nf)	II 2 V
administratif (adj)	III 1 D
adorer (v)	I 3 D
– un dieu	IV 3 D
adresse (nf)	I 1 D
aéroport (nm)	II 1 D
affaire (nf)	IV 1 V
affiche (nf)	II 5 V
âge (nm)	I 5 V
agence (nm)	II 1 D
agenda (nm)	I 4 V
agneau (nm)	II 2 V
agréable (adj)	II 1 D
agricole (adj)	IV 1 D
agriculteur (nm)	IV 1 V
aider (v)	IV 3 D
aimer (v)	I 3 D
ajouter (v)	II 5 D
aller (v)	I D 3
– (chercher)	II 5 D
– (vêtement)	II 4 V
– (santé)	III 5 D
allô (interj)	I 2 D
alors (adv)	I 3 D
ambassade (nf)	IV 1 V
ambulance (nf)	III 5 V
aménager (v)	IV 5 D
américain (nm/adj)	I 1 V
amener (v)	IV 3 V
ami (nm)	I 3 D

amitié (nf)	I 3 D
amusant (adj)	I 3 D
amuser (s') (v)	III 3 D
an (nm)	I 5 D
analyse (nf)	IV 2 D
ancien (adj)	IV 3 D
année (nf)	I 2 V
animal (nm)	IV 5 D
anniversaire (nm)	III 3 D
annonce (nf)	III 4 V
annuaire (nm)	III 1 V
antipathique (adj)	I 5 V
antique (adj)	IV 3 V
antiquité (nf)	IV 3 V
appareil (nm)	III 1 V
appartement (nm)	I 2 D
appétit (nm)	I 5 D
appel (nm)	III 1 D
appeler (v)	I 2 V
appeler (s') (v)	I 2 D
apporter (v)	III 5 D
apprendre (v)	I 4 D
– une nouvelle	III 4 D
après (prép/adv)	III 2 D
après-demain (adv)	III 3 V
après-midi (nm)	II 2 V
arbre (nm)	II 1 D
– fruitier	IV 1 D
archéologie (nf)	IV 3 V
archéologique (adj)	IV 3 V
architecte (nm)	I 1 V
argent (nm)	II 4 V
armoire (nf)	II 1 V
arrêter (s') (v)	III 4 D
arrivée (nf)	III 4 D
art (nm)	III 3 D
article (nm)	III 4 V
artiste (nm)	I 2 D
aspirine (nf)	III 5 V
assassin (nm)	II 3 V
assassinat (nm)	II 3 V
asseoir (s') (v)	II 5 D
assez (adv)	IV 1 D
assiette (nf)	II 5 V
attendre (v)	III 5 D

attirer (v)	IV 5 D
augmenter (v)	IV 4 V
aujourd'hui (adv)	II 2 V
au revoir (interj)	I 1 D
aussi (adv)	I 3 D
– comparatif	IV 4 D
– moi aussi	II 2 D
autant (adv)	III 4 D
autobus (nm)	III 4 V
automne (nm)	IV 2 D
automobile (nf)	IV 5 V
autorisation (nf)	IV 1 D
autoriser (v)	IV 2 D
autoroute (nf)	II 1 D
autour de (prép)	IV 1 V
autre (adj)	III 3 D
avance (nf)	I 4 V
avant (prép/adv)	III 3 V
avant-hier (adv)	III 3 V
avec (prép)	I 4 D
avenir (nm)	IV 4 D
aventure (nf)	II 1 D
avenue (nf)	I 1 D
avion (nm)	II 1 D
avis (nm)	III 2 D
avoir (v)	I 3 D

B

baccalauréat (nm)	III 3 D
baigner (se) (v)	III 4 V
baignoire (nf)	II 1 V
bal (nm)	I 5 D
balayer (v)	III 4 D
ballet (nm)	I 3 V
banane (nf)	II 2 V
banque (nf)	IV 1 D
banquier (nm)	IV 1 D
bar (nm)	IV 1 V
barbe (nf)	III 2 V
bas (en) (adv)	II 3 D
bateau (nm)	III 4 V
bâtiment (nm)	II 1 D

battre (se) (v)	IV 4 D
bavarder (v)	II 3 D
beau (adj)	I 5 V
beaucoup (adv)	I 3 D
beau-frère (nm)	III 2 V
beau-père (nm)	III 2 V
beauté (nf)	I 5 V
bébé (nm)	III 1 D
belle-mère (nf)	III 2 V
belle-sœur (nf)	III 2 V
bête (adj)	I 5 V
besoin (avoir-de) (v)	III 5 D
bibliothèque (nf)	IV 1 V
billard (nm)	III 4 V
beurre (nm)	II 5 D
bien (adv)	I 2 D
bientôt (adv)	I 1 D
bière (nf)	II 2 V
bijou (nm)	IV 4 D
billet (nm)	I 3 D
bizarre (adj)	II 3 D
blanc (adj)	II 4 D
blé (nm)	IV 1 V
blesser (se) (v)	III 5 V
bleu (adj)	II 4 V
blond (adj)	I 5 V
blouson (nm)	II 4 V
bœuf (nm)	II 2 V
boire (v)	II 2 D
bois (nm)	II 4 V/IV 1 D
boîte (nf)	II 3 D
bol (nm)	II 5 V
bon (adj)	I 3 D
bon marché (adj/adv)	II 4 V
bonjour (int)	I 1 D
bonne nuit (int)	I 4 D
bonsoir (int)	I 1 D
bord (au-de) (prép)	II 1 D
botte (nf)	II 4 V
bouche (nf)	III 2 V
boulevard (nm)	I 1 D
bout (au-de) (prép)	IV 1 V
bouteille (nf)	II 2 V
boutique (nf)	IV 1 V

bras (nm)	III 5 V
bravo (int)	II 5 D
brosse (à dents) (nf)	II 5 V
brouillard (nm)	IV 2 V
bruit (nm)	II 1 D
bruyant (adj)	II 1 V
brun (adj)	I 5 V
bureau (nm)	I 4 V/III 1 V
bus (nm)	III 4 V

ça (pron)	I 2 D
cacher (v)	IV 3 V
cadeau (nm)	I 2 D
café (nm)	I 2 D/II 2 V
cahier (nm)	III 1 V
calme (nm/adj)	II 1 V
cambriolage (nm)	II 3 D
campagne (nf)	I 3 D
camper (v)	IV 2 V
camping (nm)	IV 1 V
canard (nm)	II 2 D
car (nm)	III 4 V
carafe (nf)	II 2 D
carnaval (nm)	II 5 D
carotte (nf)	II 2 V
carré (adj)	III 2 V
carte (nf)	II 2 V/III 3 D
casino (nm)	III 4 D
casserole (nf)	II 5 V
catastrophe (nf)	II 5 V
cathédrale (nf)	IV 1 V
caviar (nm)	III 3 D
ceinture (nf)	II 4 D
célibataire (nm, f)	III 2 D
centre (nm)	II 1 D
— culturel	IV 1 D
centime (nm)	II 4 V
centimètre (nm)	II 4 V
chaise (nf)	II 1 V
chambre (nf)	II 1 D
champ (nm)	III 3 D
champagne (nm)	III 3 D
champignon (nm)	II 2 D
chance (nf)	IV 2 D
changer (v)	II 3 D
chanson (nf)	I 3 D
chanter (v)	I 1 D
chanteur (nm)	I 1 D
chapeau (nm)	II 4 V
char (nm)	II 5 D
charcuterie (nf)	II 2 D
chat (nm)	IV 5 V
château (nm)	III 3 D
chaud (adj)	IV 2 D
chaudron (nm)	II 2 D
chaussette (nf)	II 4 V
chaussure (nf)	II 4 D
chef (nm)	III 1 V

chemise (nf)	II 4 D
chemisier (nm)	II 4 V
chèque (nm)	II 4 V
cher (adj)	II 4 D/III 1 D
chercher (v)	II 3 D
cheval (nm)	IV 1 V
cheveu (nm)	III 2 D
chèvre (nf)	II 2 D
chez (prép)	I 3 D
chien (nm)	IV 5 V
chimique (adj)	IV 5 V
choisir (v)	II 2 V
choix (nm)	II 2 D
chômage (nm)	IV 4 D
chômeur (nm)	IV 4 V
chose (nf)	II 3 D
ciel (nm)	III 4 D
cigarette (nf)	III 4 V
cinéma (nm)	I 2 D
clair (adj)	II 1 V
classe (nf)	I 4 V
classique (adj)	I 3 D
clé (nf)	III 3 V
collège (nm)	III 3 V
collègue (nm)	IV 1 D
combien (adv)	II 4 D
commander (v)	II 2 V
comme (prép)	III 3 D
commencer (v)	I 4 D
comment (adv)	I 1 D
commerce (nm)	IV 5 V
commercial (adj)	III 1 D
commissaire (nm)	III 2 D
commissariat (nm)	III 2 D
commune (nf)	IV 1 D
compétent (adj)	III 1 D
complet (adj)	III 4 V
composer (v)	I 5 V
comprendre (v)	I 2 D
comprimé (nm)	III 5 D
comptabilité (nf)	III 1 D
concert (nm)	I 2 D
concours (nm)	II 5 D
conduire (v)	IV 2 V
confortable (adj)	II 1 V
connaître (v)	I 1 D
conquête (nf)	IV 3 D
constat (nm)	I 1 D
construire (v)	IV 1 V
consultation (nf)	I 4 D
content (adj)	I 5 V
continuer (v)	I 4 D
contrat (nm)	III 1 D
contre (prép)	IV 4 V
corps (nm)	III 5 V
corriger (v)	III 1 V
costume (nm)	II 4 V
côté (à-de) (prép)	II 1 D
côte (nf)	I 4 D
coton (nm)	II 4 D
coucher (se) (v)	II 3 D

couleur (nf)	II 4 D
couloir (nm)	II 1 D
coupable (nm)	III 2 D
couper (v)	II 5 V
courageux (adj)	I 5 V
corriger (v)	III 1 V
courrier (nm)	III 1 V
courir (v)	III 4 V
cousin (nm)	III 2 V
court (adj)	II 4 V
couteau (nm)	II 5 V
coûter (v)	II 4 D
cravate (nf)	II 4 V
crayon (nm)	III 1 V
crédit (nm)	II 4 V
crêpe (nf)	II 5 D
crevé (pp)	IV 2 V
croire (v)	III 2 D
cuillère (nf)	II 5 V
cuir (nm)	II 4 V
cuisine (nf)	II 1 D/II 2 D
cultiver (v)	IV 1 D
curieux (adj)	II 4 D

dactylo (nf)	III 1 V
danger (nm)	IV 2 V
dangereux (adj)	IV 2 V
dans (prép)	I 4 D
danse (nf)	I 3 D
danser (v)	I 3 D
danseur (nm)	I 4 D
date (nf)	I 2 V
debout (adv)	II 5 V
débrouiller (se) (v)	III 3 D
décédé (pp)	III 2 D
décision (nf)	IV 5 D
décontracté (adj)	III 1 V
découverte (nf)	IV 3 D
découvrir (v)	II 4 D
déçu (pp)	IV 5 V
déesse (nf)	IV 3 D
défaut (nm)	I 5 V
défendre (v)	IV 2 V
défense (nf)	IV 2 V
défilé (nm)	I 5 D
degré (nm)	IV 2 D
déguisement (nm)	II 4 D
déguiser (se) (v)	II 5 D
déjeuner (v/nm)	I 4 V
délicieux (adj)	II 2 V
demain (adv)	I 5 D
demander (v)	I 4 V
demi (adj)	I 4 V
démolir (v)	IV 1 D
dent (nf)	III 2 V
dentifrice (nm)	II 5 V
dentiste (nm)	III 5 V
dépannage (nm)	IV 2 V

dépanner (v)	IV 2 V
départ (nm)	III 4 D
dépêcher (se) (v)	II 5 D
depuis (prép)	III 3 D
député (nm)	IV 4 D
dernier (adj)	II 1 V
derrière (prép/adv)	II 1 D
désagréable (adj)	III 1 D
descendre (v)	II 3 D
désert (adj)	III 4 D
désirer (v)	II 4 D
désolé (adj)	I 3 D
dessert (nm)	II 2 V
dessin (nm)	IV 1 V
dessiner (v)	II 1 V
dessus (au-de) (prép)	II 1 D
détester (v)	I 3 D
détruire (v)	IV 5 D
devant (prép/adv)	I 4 D
développement (nm)	IV 5 D
développer (v)	IV 5 V
devenir (v)	IV 1 D
devoir (v)	II 5 D
dictionnaire (nm)	I 3 V
dieu (nm)	II 3 D
différent (adj)	I 3 D
difficile (adj)	II 5 V
diminuer (v)	IV 4 D
dîner (v/nm)	I 4 D
dire (v)	I 5 D
directeur (nm)	III 1 V
discothèque (nf)	I 3 D
discuter (v)	IV 4 D
disparaître (v)	III 3 D
dispute (nf)	II 3 D
diriger (v)	III 1 D
disque (nm)	I 2 D
docteur (nm)	III 5 D
doctorat (nm)	III 3 V
doigt (nm)	III 5 V
donner (v)	III 1 D
dormir (v)	II 3 D
dossier (nm)	III 1 D
douche (nf)	II 5 V
doute (nm)	II 3 D
droit (nm)	III 3 D
(tout-)	IV 2 V
droite (adv)	II 1 D

eau (nf)	II 2 D
écharpe (nf)	II 4 V
échouer (v)	III 3 V
école (nf)	III 3 V
écouter (v)	I 2 D
écrire (v)	I 2 V
écrivain (nm/adj)	I 2 V
effectuer (v)	IV 2 D

église (nf)	IV 1 V
élève (nm)	III 3 V
élever (v)	III 3 D
éleveur (nm)	III 2 D
emmener (v)	IV 3 V
émission (nf)	IV 4 V
emploi (nm)	IV 4 D
(-du temps)	III 3 D
emporter (v)	IV 3 V
emprunter (v)	IV 1 D
encore (adv)	II 2 D/III 5 D
endroit (nm)	II 1 D
enfance (nf)	I 5 D
enfant (nm)	I 2 V
enfin (adv)	III 4 V
enlèvement (nm)	III 2 D
enlever (v)	IV 3 D
ennuyeux (adj)	I 5 V
enquête (nf)	III 2 D
enquêter (v)	III 2 D
ensemble (adv)	I 5 D
ensuite (adv)	III 4 V
entendre (v)	II 3 D
enthousiaste (adj)	I 2 D
entre (prép)	II 2 D
entrée (nf)	II 1 D/II 2 D
entreprise (nf)	III 1 D
entrer (v)	I 4 D
enveloppe (nf)	III 1 V
envoyer (v)	III 1 D
épeler (v)	I 1 D
équipe (nf)	IV 4 D
équipement (nm)	IV 5 D
équiper (v)	IV 5 V
escalier (nm)	II 1 D
escargot (nm)	II 2 D
espérer (v)	IV 1 D
essayer (v)	II 4 V
essence (nf)	IV 2 V
est (nm)	IV 1 V
et (conj)	I 2 D
étage (nm)	II 1 D
étagère (nf)	III 1 D
étang (nm)	IV 1 D
été (nm)	IV 2 D
étoile (nf)	III 4 D
étranger (nm)	III 3 V
être (v)	I 1 D
étroit (adj)	II 4 V
étude (nf)	III 3 V
étudiant (nm)	I 1 V
étudier (v)	I 5 V
évènement (nm)	IV 4 V
exercice (nm)	III 3 V
excellent (adj)	II 2 D
excuser (s') (v)	I 1 D
exister (v)	IV 4 D
explication (nf)	IV 4 D
expliquer (v)	IV 3 D
exploitation (nf)	IV 1 V
exploiter (v)	IV 1 V
exporter (v)	IV 5 V

extraordinaire (adj)	III 4 D
extra-terrestre (nm)	IV 3 D

F

face (en -) (adv)	IV 1 V
facile (adj)	II 5 D
faim (nf)	II 2 V
faire (v)	I 3 D
– beau	IV 2 D
– faire	IV 4 D
fait divers (nm)	IV 4 V
falloir (il faut) (v)	II 5 D
famille (nf)	III 2 D
fantastique (adj)	II 5 V
farine (nf)	II 5 D
fatigué (adj)	I 3 D
faute (nf)	III 1 D
fauteuil (nm)	II 1 V
faux (adj)	IV 4 V
félicitation (nf)	II 5 D
femme (nf)	I 2 V/III 2 V
fenêtre (nf)	II 1 V
fer (nm)	II 4 V
ferme (nf)	III 3 D
fermier (nm)	III 3 V
fête (nf)	I 5 D
fêter (v)	III 3 D
feu (nm)	II 5 D
– d'artifice	I 5 D
famille (nf)	III 1 V/IV 5 V
fille (nf)	I 2 D/III 2 V
film (nm)	I 2 D
fils (nm)	III 2 V
fin (nf)	III 3 D
finir (v)	I 4 V
fleur (nf)	IV 5 V
flûte (nf)	III 4 V
fois (nf)	III 3 D
fond (au-de) (prép)	IV 1 V
fonder (v)	IV 3 D
football (nm)	I 3 V
forêt (nf)	IV 5 V
formidable (adj)	I 1 D
fort (adj)	III 4 D
fou (adj)	IV 3 D
famille (nf)	IV 3 V
fouiller (v)	IV 4 D
four (nm)	II 5
fourchette (nf)	II 5 V
frais (adj)	IV 2 D
franc (nm)	II 4 D
français (adj/n)	I 1 V
frère (nm)	III 2 V
frite (nf)	II 2 D
froid (adj)	IV 2 V
fromage (nm)	II 2 D
frontière (nf)	I 3 V
fruit (nm)	II 2 D

fumer (v)	III 4 D
fumeur (nm)	III 4 V

G

gagner (v)	III 5 D/IV 1 D
garage (nm)	IV 2 D
garagiste (nm)	IV 2 V
garçon (nm)	I 2 V/II 2 V
gardien (nm)	III 3 D
gare (nf)	III 4 D
gâteau (nm)	II 2 D
gauche (à-) (adv)	II 1 D
geler (v)	IV 2 V
gens (nm plur)	II 4 D
gentil (adj)	I 3 D
glace (nf)	II 1 V/II 2 V
gomme (nf)	III 1 V
goûter (v)	II 2 D
gouvernement (nm)	IV 4 V
gramme (nm)	II 4 V
grand (adj)	I 3 D
grand-mère (nf)	III 2 V
grand-père (nm)	III 2 V
grange (nf)	II 1 D
gratuit (adj)	II 4 D
grave (adj)	III 5 V
grève (nf)	IV 4 V
gris (adj)	II 4 V
gros (adj)	I 5 V
guérir (v)	III 5 V
guide (nm)	III 2 D
guitare (nf)	I 5 V

H

habiller (s') (v)	II 3 V
habiter (v)	I 1 D
habitude (nf)	III 2 D
haricot (nm)	II 2 V
hasard (par-) (adv)	IV 4 D
haut (en-) (adv)	II 3 V
hebdomadaire (n m)	IV 4 V
herbe (nf)	IV 5 V
héritage (nm)	III 2 D
heure (à l'-) (adv)	I 4 D
heureux (adj)	IV 4 V
heureusement (adv)	IV 4 V
hier (adv)	III 3 V
histoire (nf)	III 3 V
hiver (nm)	IV 2 V
homme (nm)	I 2 V
hôpital (nm)	I 4 D
horaire (nm)	III 4 V
horreur (nf)	IV 3 D
huile (nf)	II 5 V
hôtel (nm)	III 4 V
humeur (nf)	III 1 D

I

ici (adv)	II 1 D
idée (nf)	II 5 D
il y a (v)	I 3 D
imaginer (v)	IV 5 D
immeuble (nm)	II 1 D
imperméable (nm)	IV 2 D
important (adj)	IV 4 D
importer (v)	IV 5 V
impossible (adj)	III 1 D
impôt (nm)	IV 4 V
incompétent (adj)	III 1 D
infirmier (nm)	III 5 V
information (nf)	IV 4 D
informatique (nf)	IV 5 V
informer (v)	IV 4 V
inquiet (adj)	III 2 D
inspecteur (nm)	III 2 D
installer (s') (v)	IV 2 D
insupportable (adj)	II 1 D
intelligent (adj)	I 5 V
interdire (v)	III 4 D
intéressant (adj)	I 5 D
interroger (v)	III 2 D
interview (nf)	I 3 D
interviewer (v)	I 3 D
introuvable (adj)	III 2 D
inviter (v)	I 3 D
isolé (adj)	II 1 D

J

jamais (adv)	III 2 D
jambe (nf)	III 5 D
jardin (nm)	I 5 D
jaune (adj)	II 4 V
jazz (nm)	I 3 D
jeu (nm)	III 4 D
jeune (adj)	I 2 D
joli (adj)	I 2 D
joue (nf)	III 2 V
jouer (v)	III 4 V
jour (nm)	I 2 V
journal (nm)	I 2 D
journaliste (nm)	I 1 D
journée (nf)	III 4 D
jupe (nf)	II 4 V
jus (nm)	II 2 V
jusqu'à (prép)	III 3 D

K

kidnapper (v)	III 2 V
kilo (nm)	II 4 V
kilomètre (nm)	II 1 D

L

là (adv)	II 1 V
là-bas (adv)	I 5 D
lac (nm)	IV 5 V
laid (adj)	I 5 V
laine (nf)	II 4 D
laisser (v)	I 4 D
lait (nm)	II 5 D
lampe (nf)	II 1 V
langue (nf)	III 3 V
lapin (nm)	II 2 D
large (adj)	II 4 V
lavabo (nm)	II 5 V
leçon (nf)	I 4 V
légume (nm)	II 2 V
lent (adj)	IV 4 V
lentement (adv)	IV 2 V
lettre (nf)	III 1 D
lever (se) (v)	II 3 D
liberté (nf)	IV 5 D
libre (adj)	I 3 D/III 4 D
licence (nf)	III 3 V
ligne (nf)	III 1 V
liquide (nm)	II 4 V
lire (v)	I 2 V
lit (nm)	II 1 V
litre (nm)	II 5 D
livre (nm)	I 2 V
locataire (nm)	II 1 V
logement (nm)	II 1 V
loin (adv)	II 1 V
loisir (nm)	I 3 V
long (adj)	II 4 V
longtemps (adv)	III 3 D
louer (v)	II 1 D
lourd (adj)	IV 1 V
lune (nf)	IV 3 D
lunettes (nf/pl)	III 2 D
lycée (nm)	III 3 D

M

machine (nf)	III 1 D
madame (nf)	I 1 V
mademoiselle (nf)	I 1 V
magasin (nm)	II 2 D
magazine (nm)	IV 4 V
magnifique (adj)	II 1 D
main (nf)	III 5 V
maintenant (adv)	I 4 D
maire (nm)	IV 4 D
mairie (nf)	IV 1 D
mais (conj)	I 3 D
maïs (nm)	IV 1 D
maison (nf)	II 1 D
mal (adv)	I 2 D
avoir-	III 5 D

malade (adj)	II 5 D
maladie (nf)	III 5 V
malheureux (adj)	IV 4 V
malheureusement (adv)	IV 4 D
maman (nf)	III 2 V
manger (v)	II 2 V
manquer (v)	III 1 D
manteau (nm)	II 4 D
marché (nm)	IV 1 V
marcher (v)	III 1 D/III 4 D
mari (nm)	III 2 V
marier (se) (v)	III 2 V
marron (adj)	II 4 V
match (nm)	I 3 V
mathématique (nf)	III 3 V
matin (nm)	II 2 V
mauvais (adj)	I 4 D
mécanicien (nm)	I 1 V
méchant (adj)	I 5 V
mécontent (adj)	I 5 V
médecin (nm)	I 1 D
média (n/pl)	IV 4 V
médicament (nm)	III 5 D
meilleur (adj)	IV 3 D
mélanger (v)	II 5 D
même (adj)	IV 3 D
membre (nm)	III 2 D
mentir (v)	IV 3 D
menu (nm)	II 2 D
mer (nf)	I 3 V
merci (interj)	I 1 V
mère (nf)	III 2 V
mériter (v)	II 5 D
mesurer (v)	II 4 V
météo (nf)	IV 2 D
mètre (nm)	II 4 D
métro (nm)	III 4 V
mettre (v)	II 4 D
meuble (adj)	II 1 D
meurtre (nm)	II 3 V
meurtrier (nm)	II 3 V
midi (nm)	I 4 V
mieux (adv)	III 5 V
milieu (au-de) (prép)	IV 1 V
millier (nm)	IV 5 V
mince (adj)	I 5 V
ministre (nm)	IV 4 D
minuit (nm)	I 4 V
minute (nf)	II 5 D
mise en scène (nf)	I 4 D
mode (nf)	II 4 V
moderne (adj)	II 1 D
moins (adv)	IV 3 D
mois (nm)	I 2 V
moitié (nf)	IV 2 D
monde (nm)	IV 5 D
monnaie (nf)	II 4 V
monsieur (nm)	I 1 D
montagne (nf)	I 3 V
monter (v)	III 3 V
montre (nf)	I 4 V

montrer (v)	II 1 V
monument (nm)	IV 1 V
moquer (se) (v)	IV 5 D
morceau (nm)	II 2 D
mort (nm)	IV 2 V
moteur (nm)	IV 2 V
moto (nf)	IV 2 V
mouche (nf)	IV 5 V
mourir (v)	IV 5 D
moustache (nf)	III 2 D
moustique (nf)	IV 5 V
moutarde (nf)	II 2 D
mouton (nm)	II 2 V
mur (nm)	II 1 V
musée (nm)	I 3 D
musicien (nm)	I 1 D
musique (nf)	I 2 D
mystère (nm)	III 2 D
mystérieux (adj)	IV 3 V

N

natation (nf)	I 3 V
nationalité (nf)	I 1 V
nature (nf)	IV 5 D
né (pp)	III 2 V
neige (nf)	IV 2 V
neiger (v)	IV 2 V
nerveux (adj)	III 1 D
nettoyer (v)	II 2 D
neuf (adj)	II 4 V
neuveu (nm)	III 2 V
nez (nm)	III 2 V
nièce (nf)	III 2 V
noir (adj)	II 4 V
nom (nm)	I 1 D
non (adv)	I 1 V
nord (nm)	IV 1 V
normalement (adv)	IV 2 D
nouveau (adj)	I 5 D
nouvelle (nf)	III 3 D
nuage (nm)	IV 2 V
nuageux (adj)	IV 2 D
nuit (nf)	II 2 V
numéro (nm)	III 1 V

O

occupé (pp)	III 1 D
occuper (s') (v)	III 2 D
océan (nm)	III 4 V
œil (nm)	III 2 V
œuf (nm)	II 2 V
oiseau (nm)	IV 5 D
office	
– de tourisme	IV 1 D
offir (v)	III 1 V
omelette (nf)	II 2 D

oncle (nm)	III 2 V
opéra (nm)	I 3 D
or (nm)	II 4 V
orage (nm)	IV 2 D
orange (nf)	II 2 V
ordinateur (nm)	III 1 V
ordonnance (nf)	III 5 V
oreille (nf)	III 2 V
organiser (v)	IV 5 D
orthographe (nf)	III 1 D
ou (conj)	I 3 V
où (adv)	II 1 D
oublier (v)	IV 2 D
ouest (nm)	IV 1 V
oui (adv)	I 1 D
outil (nm)	II 3 D
ouvrier (nm)	III 2 D
ouvrir (v)	III 3 D

P

pain (nm)	II 2 V
panne (nf)	IV 2 D
pantalon (nm)	II 4 D
papa (nm)	II 2 V
papier (nm)	III 1 V
par (prép)	I 3 V/IV 2 V
paragraphe (nm)	III 1 D
parapluie (nm)	IV 2 V
parc (nm)	II 1 D
parce que (conj)	III 5 D
pardon (interj)	I 1 V
pareil (adj)	IV 3 V
parent (nm)	III 2 D
parfait (adj)	II 5 D
parler (v)	I 2 V
parti (nm)	IV 4 V
partie (nf)	I 3 D
partir (v)	I 4 D
partout (adv)	III 2 D
pas du tout (adv)	I 3 D
passé (nm)	IV 5 V
passer (v)	II 1 D/III 1 D
passer (se) (v)	II 2 D
passion (nf)	I 5 D
pâte (nf)	II 5 D
pâté (nm)	II 2 D
patient (adj)	IV 4 D
patron (nm)	III 1 D
pauvre (adj)	IV 3 V
payer (v)	II 4 V
pays (nm)	I 1 V
paysage (nm)	IV 3 D
pêcher (v)	III 4 V
peindre (v)	IV 3 V
peintre (nm)	IV 3 V
peinture (nf)	IV 3 V
pendant (prép)	III 3 V
pendule (nf)	I 4 V

penser (v)	III 2 D
perdre (v)	III 4 D
père (nm)	III 2 V
permettre (v)	IV 2 D
personnage (nm)	II 4 D
personne (nf)	II 3 D
personnel (nm)	III 1 D
petit (adj)	I 5 V
petit déjeuner (nm)	II 2 V
petit-fils (nm)	III 2 V
petite-fille (nf)	III 2 V
petit pois (nm)	II 2 V
peu (un-) (adv)	I 3 D
(un-de)	II 2 D
peuple (nm)	IV 3 D
peur (nf)	II 3 D
peut-être (adv)	II 3 D
pharmacie (nf)	IV 1 V
photo (nf)	I 2 D
photocopie (nf)	III 1 V
piano (nm)	I 5 D
pièce (nf)	I 3 V/II 1 V
pied (nm)	III 4 V
pin (nm)	IV 1 D
pierre (nf)	II 4 V
piscine (nf)	I 3 D
placard (nm)	III 3 D
place (nf)	I 1 D/III 4 D
plage (nf)	III 4 V
plaine (nf)	IV 5 V
plaisanterie (nf)	III 5 D
plaire (v)	IV 1 D
plaisir (faire-) (nm)	IV 5 V
plan (nm)	IV 1 V
planter (v)	IV 5 D
plastique (nm)	II 4 V
plat (nm)	II 2 D/II 5 V
plein (adj)	III 1 D
pleurer (v)	IV 5 V
pleuvoir (v)	IV 2 D
pluie (nf)	IV 2 D
plus (adv)	IV 3 D
pneu (nm)	IV 2 V
poêle (nf)	II 5 V
poids (nm)	II 4 V
pointure (nf)	II 4 V
poitrine (nf)	III 5 V
poisson (nm)	II 2 V
poivre (nm)	II 5 V
police (nf)	II 3 D
politique (nf)	IV 4 V
pomme de terre (nf)	II 2 V
pompier (nm)	II 5 V
pont (nm)	IV 2 V
porc (nm)	II 2 V
port (nm)	I 5 V
porte (nf)	II 1 V
portefeuille (nm)	II 3 V
porter (v)	II 4 V/IV 3 D
portrait (nm)	I 3 D
possible (adj)	III 1 V
poste (nf)	IV 1 D

potage (nm)	II 2 V
poulet (nm)	II 2 D
pour (prép)	I 3 D
pourquoi (adv)	III 5 D
pouvoir (v)	I 4 D
pratique (adj)	II 1 V
préférer (v)	I 3 D
premier (adj)	II 1 D
prendre (v)	II 2 D/III 4 D
prénom (nm)	I 1 D
préparer (v)	II 5 D
près (de) (prép)	II 1 D
présenter (v)	IV 1 D
président (nm)	IV 4 D
presse (nf)	IV 3 V
prêt (adj)	III 1 D
prêtre (nm)	II 4 D
prévision (nf)	IV 2 D
prévoir (v)	IV 2 D
prier (v)	IV 1 V
prince (nm)	IV 3 V
printemps (nm)	IV 2 V
prison (nf)	IV 3 V
prix (nm)	II 4 V
problème (nm)	III 1 D
production (nf)	III 1 D
produire (v)	IV 1 D
professeur (nm)	I 1 V
profession (nf)	I 1 V
programme (nm)	I 3 D
projet (nm)	I 3 D
promener (se) (v)	II 3 V
promettre (v)	IV 5 D
propriétaire (nm/f)	II 1 D
protester (v)	IV 4 D
prudent (adj)	IV 2 V
publicité (nf)	III 1 D
puis (adv)	I 3 D
pull-over (nm)	II 4 D

Q

qualité (nf)	I 5 V
quand (adv)	III 3 D
— (conj)	III 4 V
quart (nm)	I 4 V
quartier (nm)	I 1 D
que (pron)	I 2 D/IV 5 D
quel (adj et pron)	I 4 V
quelque (adj)	II 2 D
quelque chose (pron)	II 3 D
quelquefois (adv)	III 3 D
quelqu'un (pron)	II 3 D
questionnaire (nm)	I 3 D
qui (pron)	I 2 D/IV 5 D
quitter (v)	IV 4 D
quoi (pron)	III 1 D
quotidien (nm)	IV 4 V

R

raconter (v)	III 4 D
radio (nf)	IV 4 D
raisin (nm)	IV 1 V
raison (nf)	IV 4 V
rapide (adj)	IV 4 V
rapidement (adj)	IV 4 V
rappeler (v)	III 1 V
rappeler (se) (v)	IV 4 D
rapport (nm)	III 3 D
rare (adj)	IV 4 D
recette (nf)	II 5 D
recevoir (v)	III 1 V
rechercher (v)	II 3 D
récolte (nf)	IV 3 D
récolter (v)	IV 1 V
reconnaître (v)	IV 3 D
réfléchir (v)	IV 4 D
refuser (v)	II 2 D
regarder (v)	I 4 D
régime (nm)	II 2 D
région (nf)	II 1 D
règle (nf)	III 1 V
regretter (v)	IV 5 D
reine (nf)	IV 3 D
remercier (v)	IV 2 D
rencontrer (v)	I 1 D
rendre (v)	IV 1 V
rendez-vous (nm)	I 4 D
renseignement (nm)	III 1 V
rentrer (v)	I 4 V
réparer (v)	IV 2 V
repas (nm)	II 2 D
répondre (v)	III 1 D
reposer (se) (v)	II 3 V
république (nf)	IV 4 D
réservation (nf)	III 4 D
ressembler (v)	IV 3 D
restaurant (nm)	I 3 D
rester (v)	I 3 D
résultat (nm)	IV 1 D
retard (nm)	I 4 D
retour (nm)	III 4 D
retourner (v)	II 5 D/III 5 D
retraite (nf)	II 3 D
retrouver (v)	III 5 D
réunion (nf)	III 1 D
réussir (v)	III 3 D
réveil (nm)	I 4 V
réveiller (se) (v)	II 3 V
rêver (v)	I 5 D
revoir (au-) (interj)	I 1 D
rez-de-chaussée (nm)	II 1 D
riche (adj)	III 2 D
rideau (nm)	II 4 D
ridicule (adj)	IV 4 D
rien (pron)	II 3 D
rire (v)	IV 5 V
risque (nm)	IV 2 D

rivière (nf)	II 1 D
riz (nm)	II 2 D
robe (nf)	II 4 D
rocher (nm)	III 4 D
roi (nm)	IV 3 V
rôle (nm)	II 5 D
romancier (nm)	III 2 D
rond (adj)	III 2 V
roue (nf)	IV 2 V
rouge (adj)	II 4 D
route (nf)	IV 2 D
roux (adj)	I 5 V
ruban (nm)	II 4 D
rue (nf)	I 1 D
ruine (nf)	IV 3 V

S

sable (nm)	III 4 V
sac (nm)	III 3 V
saison (nf)	IV 2 V
salade (nf)	II 2 D
salaire (nm)	IV 4 V
salle à manger (nf)	II 1 D
salle de bain (nf)	II 1 D
salon (nm)	II 1 D
saluer (v)	I 1 V
salut (interj)	I 1 V
santé (nf)	III 5 V
satisfait (adj)	IV 5 V
sauvage (adj)	IV 5 D
sauver (v)	IV 3 V
savant (adj)	I 4 D
savoir (v)	I 2 D
savon (nm)	II 5 V
scène (nf)	II 5 D
science (nf)	III 3 V
sculpteur (nm)	IV 3 V
sculpture (nf)	IV 3 D
second (adj)	II 1 V
seconde (nf)	III 1 D
secret (nm)	II 4 D
secrétaire (nm/nf)	II 1 V
secrétariat (nm)	III 1 D
sel (nm)	II 5 D
semaine (nf)	I 2 V
sénat (nm)	IV 4 V
sénateur (nm)	IV 4 V
serpe (nf)	II 2 D
serveuse (nf)	II 2 V
service (nm)	II 2 V/III 1 D
serviette (nf)	II 5 V
seul (adj)	III 3 D
seulement (adv)	IV 1 D
shampoing (nm)	II 5 V
si (conj)	I 5 D/III 5 D
siècle (nm)	IV 3 D
signer (v)	III 1 D
silence (nm)	II 1 D
simple (adj)	II 2 D

site (nm)	IV 2 D
ski (nm)	I 3 D
société (nf)	III 1 D
sœur (nf)	III 2 V
soif (nf)	II 2 V
soigner (v)	III 5 V
soir (nm)	II 1 D
solde (nm)	II 4 D
soleil (nm)	IV 2 V
sombre (adj)	II 1 V
sommeil (nm)	II 3 V
sonner (v)	III 1 D
sortir (v)	I 4 V
soupe (nf)	II 2 V
souriant (adj)	I 5 V
sourire (v)	IV 5 D
sous (prép)	II 1 V
sorcier (nm)	IV 3 V
souvent (adv)	III 2 D
spectacle (nm)	IV 1 D
spectateur (nm)	I 2 D
sport (nm)	I 3 D
sportif (adj)	I 3 D
stade (nm)	IV 1 V
statue (nf)	IV 3 D
steak (nm)	II 2 D
studio (nm)	IV 4 D
stylo (nm)	I 2 V
subvention (nf)	IV 5 D
sucre (nm)	II 5 D
sud (nm)	IV 1 D
sujet (nm)	IV 4 D
suivre (v)	IV 2 V
supermarché (nm)	IV 1 V
sur (prép)	I 4 D
sûr (adj)	I 5 D/IV 2 D
surpris (adj)	III 2 D
sympatique (adj)	I 5 D
syndicat (nm)	IV 4 V

T

tabac (nm)	IV 1 V
table (nf)	II 1 V
taille (nf)	II 4 D
tante (nf)	III 2 V

tard (adv)	II 3 V
tasse (nf)	II 2 V
taureau (nm)	IV 5 D
taxi (nm)	III 4 V
technique (nf/adj)	III 1 D
télégramme (nm)	III 1 V
téléphone (nm)	III 1 V
téléphoner (v)	III 1 V
télévision (nf)	III 3 D
télex (nm)	III 1 V
température (nf)	IV 2 D
temps (nm)	I 5 D/IV 2 D
tennis (nm)	I 3 D
terrain (nm)	IV 2 D
terre (nf)	IV 1 D
tête (nf)	III 2 V
textile (nm/adj)	III 1 D
thé (nm)	II 2 V
théâtre (nm)	I 3 D
ticket (nm)	III 4 V
tiens (interj)	I 1 D
timbre (nm)	III 1 V
timide (adj)	I 5 D
tiroir (nm)	III 1 V
tissu (nm)	II 4 D
toilette (nf)	II 5 V
toilettes (nf/pl)	I 3 V
toit (nm)	II 1 V
tomate (nf)	II 2 D
tomber (v)	IV 2 D
tort (nm)	IV 4 D
tôt (adv)	II 3 D
toucher (v)	IV 2 V
toujours (adv)	III 2 D
touriste (nm)	IV 1 V
touristique (adj)	IV 1 D
tournée (nf)	I 4 D
tourner (v)	IV 2 V
tout (adj/pron)	II 4 D
tout à coup (adv)	III 4 D
tout à l'heure (adv)	III 2 V
tout de suite (adv)	III 2 V
tout le monde (pron)	III 5 D
tout le temps (adv)	III 2 V
tradition (nf)	IV 5 D
traduire (v)	III 5 V
train (nm)	III 4 V
tranquille (adj)	II 3 D

travail (nm)	IV 1 D
travailler (v)	I 2 D
traverser (v)	IV 2 D
très (adv)	I 2 D
triste (adj)	I 5 D
tromper (se) (v)	IV 4 D
trompette (nf)	III 4 V
trop (adv)	IV 1 D
troupeau (nm)	III 3 D
trouver (v)	II 3 D
tuer (v)	II 3 V

U

unique (adj)	IV 5 D
université (nf)	III 3 D
urgent (adj)	III 1 V
utile (adj)	II 1 V

V

vacances (nm/pl)	I 3 D
vache (nf)	IV 1 V
vague (nf)	III 4 D
valise (nf)	IV 1 V
vallée (nf)	IV 5 V
veau (nm)	II 2 V
véhicule (nm)	I 1 D
vélo (nm)	IV 2 V
velours (nm)	II 4 D
vendeur (nm)	II 1 D
vendre (v)	II 1 D
venir (v)	I 3 D
vent (nm)	II 3 D
vente (nf)	III 1 D
ventre (nm)	III 5 V
vérité (nf)	IV 4 V
verre (nm)	II 4 V
verser (v)	II 5 D
vert (adj)	II 4 D
veste (nf)	II 4 V
vêtement (nm)	II 4 D
viande (nf)	II 2 V
vide (adj)	IV 2 V
vie (nf)	III 4 D

vieux (adj)	I 5 D
vigne (nf)	IV 1 D
villa (nf)	II 1 V
village (nm)	II 1 V
ville (nf)	II 1 D
violet (adj)	II 4 V
violon (nm)	I 5 D
vin (nm)	II 2 D
vinaigre (nm)	II 5 V
visage (nm)	II 2 V
visiter (v)	II 1 D
vite (adv)	II 5 D
vivre (v)	IV 4 D
voici (prép)	I 3 D
voilà (prép)	I 3 D
voir (v)	I 5 D
voisin (nm)	III 3 D
voiture (nf)	II 1 D
vol (nm)	II 3 V/IV 5 V
volaille (nf)	IV 1 V
voler (v)	II 3 V/III 4 D
voleur (nm)	II 3 D
volontiers (adv)	III 5 D
vouloir (v)	I 2 D/I 4 D
(-dire)	III 5 D
voyage (nm)	I 3 V
voyager (v)	I 3 D
vrai (adj)	IV 4 V
vraiment (adv)	I 5 D

W

week-end (nm)	I 3 D

Y

y (pron)	IV 2 D

Z

zéro (nm)	I 1 V
zone (nf)	III 4 D

TABLE DES MATIÈRES

Crédits photographiques

Recherche iconographique : Brigitte Richon / Nadine Gudimard.
Couverture : Tahra – Michel Munier.
Cartographie : Graffito.

N° d'éditeur : 10082461 - (IV) - (437) - CABL 80°
Décembre 2000
Imprimé en Italie par N.I.I.A.G. - Bergamo